리더 반성문

오늘 하루, 나는 진짜 리더의 일을 했는가

리더
반성문

정영학 지음

ℕ 더난출판

리더들에게 성찰의 경종을 울리는 책

작년 초 새로운 회사에서 사장으로 부임하면서 나는 깊은 고민에 빠졌다. 과거처럼 리더가 수직적으로 지시하고, 구성원들이 한 방향으로 열심히 일하면 성공하는 시대는 지났다. 갈수록 변화의 주기가 빨라지고 끊임없는 기술 혁신으로 회사의 존립이 시험대에 오르는 현시점에, 과거의 성공 방식에서 벗어나 변화를 끌어내려면 어떻게 해야 할지 막막했다. 그때 내가 도움을 청한 사람이 바로 저자다.

저자와는 더위가 시작될 무렵 만났다. 그는 리더십을 말하면서 "리더 자신을 아는 것부터 시작하라"는 당연한 이야기부터 꺼냈다. 리더가 제대로 알아야 구성원에게 명확하게 전달할 수 있다는 것, 다른 사람에게 설명할 수 없으면 자신도 알지 못하는 것이라는 메시지는 나를 포함한 리더들이 익히 알고 있으면서도 잘 실천하지 않는 일이었다. 리더가 제대로 알지 못하면 회의와 지시가 불분명해지고, 구성원의 보고는 장황해지며, 일은 핵심과 효율에서 멀어진다.

간혹 자신이 불명확하게 지시하면서 조직이 뜻대로 움직이지 않는다고 한탄하는 리더가 있다. 그러나 조직을 탓하기 이전에 리더가 먼저 모호한 것을 구체화하고 모르는 것을 공부하여 정확하게 지시하고 전달한다면, 구성원의 성장과 동시에 조직의 발전을 도모할 수 있다.

저자의 메시지는 오랜 시간 증명돼온 소크라테스의 철학으로부터 시작된 것으로 오직 본질만을 담고 있다. 저자의 글은 간결하고 설명은 군더더기가 없다. 특유의 직설적이고 솔직한 화법을 따라 읽어가다 보면 어느새 리더십의 매력에 흠뻑 빠져들게 된다.

시대가 바뀌어도 변치 않는 고전이 있듯, 수천 년간 변함없이 활용돼온 리더십의 본질을 담은 이 책이 모든 리더에게 반성과 성찰의 계기를 마련해줄 것이다.

– 김정훈(현대글로비스 대표이사 사장)

임원 교육에서 처음 접한 저자의 강의에서 가장 인상적인 내용은 문제 해결에 있어 용어 정의와 생각의 프레임워크를 중요시한다는 점이었다. '리더의 성과란 무엇인가', '현재의 문제는 무엇인가'와 같은 다소 뻔해 보이는 질문에도 쉽게 답하기 어려웠다. 생각의 프레임워크에 관해 설명할 때는 '우리가 이런 기본적인 것도 모르고 있었네'라며 임원들끼리 서로 쳐다보면서 놀라워했던 기억이 있다.

『리더 반성문』은 그동안 저자가 강조해왔던 리더의 역할과 통합적 사고의 중요성에 관해 다룬 책이다. 잘못한 것을 모르면 반성할 수 없듯 많은 리더가 잘못 정의된 성과, 동기부여, 소통, 실행의 고정관념에 빠져 비슷한 실패를 경험한다. 마치 소크라테스가 적절한 질문을 통해 무지함을 일깨우고 사고의 전환을 유도하듯, 저자는 이 책을 통해 리더의 고정관념에 의문을 제기한다. 정의할 수 없다면 관리할 수 없고 리더의 역할을 모른다면 성과를 낼 수 없다. 이렇듯 단순명료한 메시지를 담고 있는 이 책을 읽다 보면, 누구나 알고 있다고 생각하는 리더의 역할에 관한 정의가 조직에서 얼마나 중요한지 새삼 깨닫게 된다.

그동안 한국식 경영은 전략과 효과성보다는 실행력과 근면

성 위주로 이루어져 왔다. 이제 그 단계를 뛰어넘어 자기 부정과 반성을 통한 성장이 절실한 시점이다. 이 책을 통해 과거의 성과로 승진한 리더는 새로운 역할 변화의 필요성을 인식하고, 리더를 보좌하는 구성원은 생각의 프레임워크 전환을 통해 리더가 되는 길을 엿볼 수 있기를 바란다.

저자는 아는 것과 안다고 착각하는 것의 차이점이 얼마나 큰지를 강조한다. 설명할 수 없다면 모르는 것이다. 리더의 역할, 조직에서 신뢰의 중요성, 동기부여 방법 등에 관해 설명할 수 있는가? 질문에 적합한 답을 찾지 못한 사람들은 이 책을 읽어볼 것을 권한다.

- 권형석(삼성전자 상무, DS 부문 인도법인장)

리더십 변화에 대한 공감과 무거운 반성

리더십에는 다양한 영역의 역량이 포함되어 있다. 저마다 다른 환경에서 살아온 사람들이 모여 함께 성과를 만들어가는 조직에서 리더십의 역할은 그야말로 막중하다.

교육 담당자로서 내가 느낀 점은 리더십에는 많은 변화와 실행력이 요구된다는 것이다. 리더십의 기술을 읽히고 현장에서 직접 느끼는 것만으로는 부족하다. 변화와 실행력을 이끌어내기 위해서는 그전에 구성원의 동기를 유발하고 리더 스스로 의미를 부여해야 하는데, 이런 역할을 리더가 얼마나 훌륭하게 수행하느냐에 따라 결과는 크게 달라진다. 리더십에서 가장 기본적이고 가장 기초적일 수 있는 이 부분을 짚고 넘어가지 않고서는 앞으로 나아갈 수 없다.

그동안 조직의 많은 리더를 지켜보면서 어떻게 하면 교육 프로그램을 통해 이 부분을 살필 수 있을지 고민해왔다. 그러던 차에 저자를 만났고, 그의 강의에서 고민을 덜어줄 해법을 발견하게 됐다. 저자는 변화에 불을 지피는 불씨의 무게를 설명하면서, 오랜 조직 관리 경험에서 우러나온 냉철한 지적과 감성적 호소도 잊지 않았다. 변화를 갈구하는 리더들의 심장을 뛰게 하는 저자의 강의는 매우 인상적이었다.

그의 강의를 들으면서 멋진 리더십은 누구를 따라 하는 것도, 신상필벌에서 나오는 것도 아니라는 사실을 깨달았다. 변화에 대한 공감과 자신에 대한 무거운 반성 그리고 강한 의지가 멋진 리더십을 이끌어낸다. 조직을 이끌어가는 리더들의 고민이 고스란히 녹아 있는 이 책이 많은 사람에게 전파되어 리더십 수준을 끌어올리는 계기가 됐으면 한다.

－조종현 (삼성전자 차장, 인사 담당자)

리더십의 중요성에 대해 늘 고민하고 공부하고 있지만 그것을 체계적으로 이해하고 실천하기란 쉽지 않다. 학교에서 경영학 석박사 과정을 밟더라도 '어떻게(HOW)'의 관점에서 각자가 처한 상황에 필요한 리더십을 알려주지는 않기 때문이다.

저자는 휼렛패커드, 시스코시스템즈 등 글로벌 회사에서 일하며 터득한 비즈니스에 대한 통찰력, 조직과 리더십에 대해 끊임없이 연구하는 탐구심 그리고 무엇보다 그것을 널리 전파하여 다른 사람에게 도움이 됐으면 하는 선한 마음을 가지고 있기에 다른 강의와 차별화된다. 생동감 있는 저자의 강의를 지면을 통해서도 접할 수 있게 되어 매우 기쁘다.

『리더 반성문』이라는 제목에서 알 수 있듯, 이 책은 리더들이 단순히 고민하고 공부만 하는 것이 아니라 절실히 느끼고 행동을 바꿔야 한다는 메시지를 담고 있다. 흥미로운 사례와 체계적인 분석 그리고 탄탄하고 논리 전개가 돋보이는 이 책을 통해 우리 모두 리더로서 한 단계 발전할 수 있기를 기대한다.

— 안관선(LS오토모티브 전무, CFO)

현실에 곧바로 적용할 수 있다

혁신과 성장 없이 생존이 어려운 시대에 리더의 마음가짐과 자세가 어떤 결과로 이어지는지 너무나도 잘 알기에 무거운 책임감을 느낀다. 리더십의 차이가 곧 경쟁력의 차이라고 말하는 이 책은 존경받는 리더가 되기 위해 무엇을 어떻게 해야 하는지 구체적인 행동지침을 제시한다. '어떻게 하면 빠르고 정확하게 움직이는 조직을 만들 수 있는가'를 고민하는 리더를 위한 힌트가 가득하다.

— 심민규(엔씨소프트 전무, 리니지 개발 책임자)

불편한 질문이 성장을 가져다준다

오늘날 우리는 원하는 모든 정보를 손쉽게 얻을 수 있다. 그래서 그 어느 때보다 질문이 중요하지만, 정작 질문을 잘 하는 방법은 학교에서도 직장에서도 가르쳐주지 않는다.

우리에게 필요한 가장 본질적인 질문은 우리를 불편하게 만든다. 답을 알게 되면 그에 따라 우리의 생각, 언행, 습관을 고쳐야 하기 때문이다. 하지만 질문을 던지고, 답을 찾고, 그에 따라 생각을 바꾸는 일은 큰 가치가 있다.

수천 명의 임직원을 상대로 진행한 강의 내용을 바탕으로 리더가 스스로에게 던져야 할 질문과 그 방법론을 알려주는 이 책은 우리에게 많은 불편함을 준다. 하지만 기꺼이 불편함을 감내하기를 권한다.

– 유찬(맥큐스 대표이사)

리더가 먼저 자신과 조직을 돌아봐야 한다

그동안 짧지 않은 조직 관리 경험을 통해 깨달은 점은 조직의 성과는 리더의 그릇 크기와 비례한다는 사실이다. 큰 조직은 큰 대로, 작은 조직은 작은 대로 그것을 이끄는 리더의 비전, 목표, 태도, 생각의 크기에서 벗어나지 못한다. 그만큼 조직이 거두는 열매에 미치는 리더의 영향력은 절대적이다.

리더십을 다루는 무수한 책들이 어떻게 하면 훌륭한 리더가 될 수 있는지에 관한 이론적, 학술적 내용을 소개한다. 반면에 이 책은 저자의 수십 년에 이르는 조직 관리 경험을 바탕으로 리더가 갖춰야 할 실질적이고 현실적인 지식과 스킬을 알려준다. 저자는 리더십의 시작은 자기반성이라고 말한다. 조직은 마치 생명체와 같아서 어느 조직이나 고유한 특성을 갖고 있다. 그 때문에 이미 알고 있는 정답대로 이끌어갈 수 없다. 리더가 먼저 겸손한 태도로 자신과 조직을 돌아봐야 하는 이유가 여기에 있다.

마치 하늘에서 숲을 내려다보듯 전체를 들여다본 후 나무들을 하나씩 살펴야 한다. 그렇게 자신과 조직을 들여다보는 데 필요한 요소들이 이 책에 담겨 있다. 내가 저자의 강의를 들으면서 그의 말 한마디 한마디에서 큰 깨달음을 얻었듯, 독자들도 이 책을 읽고 그런 감동을 맛보게 되리라 확신한다.

－오석주(이노룰스 사업 총괄 사장, 전 대교CNS 대표이사)

WHY로 시작해 WHAT을 정의하고 HOW를 알려준다

지난 2월, 계속 벼려왔던 전 직원 워크숍을 가졌다. 강사는 가치관 경영 분야의 최고 권위자인 저자였고, 강의 제목은 "나는 왜 이 일을 하는가"였다. 저자의 강의는 기대 이상의 감동과 충격을 주었다.

'WHY로 시작하라'를 주제로 진행된 모바일 참여 기반 세션에서 직원들은 처음으로 자신의 비전, 미션 그리고 핵심 가치를 글로 표현하는 시간을 가졌다. 개인의 목표를 어떻게 조직의 비전과 일치시켜야 삶이 행복해질 수 있는지 깊이 성찰하는 계기가 됐다. 동기부여는 결코 돈만으로 되지 않으며, 조직의 비전과 개인의 목표가 일치할 때 비로소 삶의 많은 시간을 보내는 회사에서의 생활이 행복해진다는 사실을 깨달았다.

결국 반나절의 세션이 아쉬워 1박 2일의 추가 세션을 가졌다. 이를 통해 조직의 비전도 재정리하고, 개인이 정의한 목표에 도달하기 위한 로드맵도 그려봤다. 이런 일은 일회성 이벤트로 끝낼 것이 아니고 지속적인 프로세스가 돼야 한다고 생각하던 차에, 저자의 강의가 책으로 묶여 나온다는 소식을 접했다. 최고의 리더십 지침서가 출간되는 셈이다.

크고 작은 조직의 리더로서 30년간 살아왔지만, 늘 어려웠던 것은 조직의 가치관과 개인의 비전을 어떻게 일치시킬 것인가에 대한 구체적 방안이 없다는 점이었다. 이 책이 시중에 나와 있는 수많은 리더십 이론서와 다른 점은 WHY로 시작해 WHAT을 정의하고, 저자 스스로 실행을 거쳐 터득한 HOW가 제시돼 있다는 점이다. 책 제목처럼 내게 리더로서 기꺼이 반성문을 쓰게 한 저자에게 감사의 박수를 보내며, 수많은 리더의 진솔한 반성문들이 쌓이길 기대해본다.

– 류목현 (아던트컨설팅 대표이사, 전 LGIBM 사장)

워크스마트에 대한 가장 실질적인 답을 준다

경북경제진흥원장으로서 나는 많은 기업을 만나는데, 그들

대부분이 주 52시간 근무제로 힘들어한다. 이 책은 주 52시간 근무 시대에 워크스마트(Work Smart)에 대한 가장 실질적인 답을 제시한다. 그 답은 '나는 무엇을 하는 사람인가'라는 리더의 뼈아픈 반성에서 시작된다. IGM 세계경영연구원에서 조직 생활 경험을 나누며 리더들에게 실용적인 지혜를 전하기 위해 애쓰던 저자의 열정을 생각하면 이 책은 너무도 자연스러운 결과라 할 수 있다. 이 책이 리더들에게 자신의 리더십을 돌아보는 계기가 되기를 바란다.

– 전창록(경북경제진흥원 원장, 전 삼성전자 상무)

그노티 세아우톤(Gnothi Seauton), 너 자신을 알라

"리더는 무엇을 하는 사람인가?"

"리더인 나는 이 질문에 어떻게 답할 것인가?"

인류 역사상 가장 위대한 발명품은 '조직'이라고 한다. 조직을 통해 인류는 오늘날과 같은 문명의 발전을 이루어왔으며, 앞으로도 지금 우리가 상상하지 못하는 발전을 계속할 것이다. 조직은 두 사람 이상의 구성원이 모여 이룬 사회적 집합체로서 공동의 목표를 가지고 있다. 리더는 조직이 공동의 목표를 달성하도록 구성원을 이끄는 사람이다. 피터 드러커는 리더가 '자신이 무엇을 해야 하는가', '자신이 할 수 있는 것은 무엇인가', '그 일을 자신이 처리하지 않고 조직을 통해 이루려면 어떻게 할 것인가'를 끊임없이 고민해야 한다고 했다.

조직을 이끄는 리더에게 끊이지 않는 고민은 '왜 내 마음처럼 조직이 움직여주지 않는가'일 것이다. 인공지능이 인간의 강력한 대안으로 등장하면서 전 세계적으로 큰 변화의 물결이 일고 있으며, 국내에서도 주 52시간 근무제 등 사회 변화에 따른 새로운 제도가 탄생하면서 리더의 고민은 더욱 깊어만 간다. 원하든 원치 않든 간에 리더에게도 변화가 필요한 시점이다. 그전에 자신의 리더십을 돌아보는 반성의 시간을 가질 필요가 있다.

지즉위진간(知則爲眞看), 아는 만큼 보인다고 했다. 리더가 자신이 이끌어야 할 조직의 목표를 제대로 알지 못한다면 그 목표를 달성하기 어려울 것이다. 리더가 자신의 역량을 알지 못한다면 리더십을 제대로 발휘하지 못할 것이다. 더 나아가 리더가 자신의 역할을 알지 못한다면 조직을 움직이기보다는 자신이 앞장서서 이리저리 뛰어다님으로써 구성원을 그저 구경꾼으로 만들 수 있다. 리더는 자신이 해야 할 일과 자신의 역량 그리고 구성원을 이해하고 그들을 통솔함으로써 조직이 추구하는 공동의 목표를 달성해야 한다. 지금 리더가 돌아봐야 할 부분이다.

조직의 리더 자리에 오른 사람은 그 분야에서 짧게는 수년, 길게는 수십 년의 경험을 쌓았다. 그동안 수많은 교육과 실전에서 익힌 자기만의 노하우로 무장된 사람이다. 이런 리더가 실제 업무에서 벌어지는 상황에 대해 모르는 부분이 있을까? 문제는 리더가 너무도 당연한 사항조차 제대로 모른다는 점이다.

예를 들어 리더에게 구성원이 최고의 성과를 올리게 하려면 어떤 동기부여 방법을 활용해야 하는지를 묻는다면 어떤 답변을 들을 수 있을까? 그간의 경험으로 짐작할 수 있듯 대다수 리더는 '신상필벌'을 이야기한다. 대표적인 것이 인센티브제도다. 누군가의 마음을 움직이는 동기부여 방법은 수없이 많다. 그런데 왜 대다수 리더는 그중 하나에 불과한 인센티브제도를 가장 중요한 동기부여 방법으로 꼽을까? 이유는 간단하다. 그 방법 외에는 알지 못하기 때문이다.

인지심리학자들은 리더가 빠지는 가장 위험한 함정이 알고 있다는 '착각'이라고 말한다. 리더는 오랜 실전 경험이 있어서 일상에서 일어나는 모든 일에 대해 잘 알고 있다고 착각한다. 아이러니하게도 이것이야말로 착각이다. 조직에서 일어나는 대다수 문제의 원인은 리더가 안다고 착각하는 것에서 찾아야 한다. 제대로 모르기 때문에 제대로 이끌지 못하는 것이며, 그 결과 성과도 올리지 못하는 것이다.

무엇이 문제인가? 리더라면 가장 먼저 자신이 제대로 알고 있는지 되돌아볼 필요가 있다. 대표적인 것이 사람에 대한 이

해다. 구성원은 언제 동기가 유발되고 언제 동기가 사라지는가. 리더가 가장 크게 고민하는 성과도 마찬가지다. 성과가 무엇인지를 알지 못한다면 제대로 관리할 수 없다. 마찬가지로 커뮤니케이션을 알지 못한다면 제대로 지시하고 소통할 수 없고, 실행을 알지 못한다면 업무가 제대로 실행되도록 이끌 수 없다. 가장 안타까운 것은 생각을 어떻게 정리해야 하는지를 모르는 경우다. 리더가 생각이 정리되지 않으면 제대로 전달할 수 없으므로 구성원을 제대로 이끌 수 없다.

인지심리학자들에 따르면 사람에게는 자신이 아는 것과 모르는 것을 구분할 수 있는 능력이 있다. 이를 '메타 인지'라고 한다. 메타 인지는 쉽게 말하면 인지를 인지하는 것이다. 아는 것과 안다고 착각하는 것을 구분하는 매우 정확한 방법이 있다. 그것은 바로 '설명할 수 있는 것만이 내가 아는 것'이라는 원칙이다. 내가 무엇인가에 대해 다른 사람에게 설명할 수 있다면 그것은 내가 아는 것이고, 설명할 수 없다면 모르는 것이다.

조직에 문제가 많다면 리더는 가장 먼저 자신에게 물어야 한다. '문제를 정의할 수 있는가?' '핵심 문제는 무엇인가?' 핵심 문제를 정의하고 설명할 수 없다면 엉뚱한 곳에서 해결책을 찾기 위해 자원을 낭비하게 된다. 그 결과 조직은 소위 '삽질'을 하게 되고 성과를 올릴 수 없게 되는 것이다. 만일 조직에서 삽질이 일어난다면 그 책임은 누구에게 있는가? 거의 대부분 리더에게 있다. 리더는 삽질을 방지하고 성과를 올리고 다음 도전을 위해 구성원에게 휴식을 주어야 한다. 그것이 바로 진정한 '워크스마트'다.

만일 리더가 조직에서 일어나는 수많은 문제를 제대로 정의하고 설명하지 못한다면 방법은 하나밖에 없다. 이제까지 해오던 방법대로 그저 열심히 일하는 것이다. 방법을 모른다고 놀수야 없지 않은가. 우리 조직에서 창의성이 발현되지 않는 이유가 어쩌면 여기에 있을지도 모른다. 4차 산업혁명이 전 세계를 강타한 지금, 조직의 화두는 당연히 '변화'와 '창의성'이다. 이를 위해 리더는 무엇을 해야 하는가? 마찬가지로 리더가 4차 산업혁명의 핵심이 무엇인지, 조직에 필요한 변화와 창의성이 무엇인지를 정의하고 설명하지 못한다면 그 조직은 결코 변화할 수 없다.

어디서부터 시작해야 할까? 리더 자신을 돌아보는 반성에서 시작해야 한다. 가장 먼저 '나는 우리 조직을 일하게 하는 것이 무엇인지를 알고 있는가'라는 질문을 통해 자신이 아는 것과 모르는 것을 파악해야 한다. 그런 다음 '조직이 제대로 일하게 하려면 무엇이 중요한가'라고 자문해본다. '나는 사람을 이해하고 구성원의 동기유발을 제대로 하고 있는가?' '나는 내 생각을 제대로 정리해 구성원에게 전달하고 그들이 실행에 집중하도록 하는가?' '나는 소통이라는 명목으로 구성원의 아까운 시간을 낭비하고 있지는 않은가?' '구성원이 스마트하게 일하도록 하려면 어떻게 해야 하는지 나는 알고 있는가?'

『리더 반성문』은 리더에게 자신을 돌아보는 반성의 시간을 갖도록 계기를 마련해주기 위해 기획됐다. 그동안 리더십과 조직 관리를 주제로 다양한 자리에서 이루어진 수많은 강연에서 생각지도 못한 좋은 반응을 얻었는데, 여러 강연에서 핵심 내용을 간추려 엮은 책이다.

역사상 가장 큰 부귀영화를 누렸다는 솔로몬 대왕은 구약 성경의 『아가서』에서 "해 아래 새것이 없나니 모든 것이 헛되고 헛되도다!"라고 탄식했다. 경영학과 심리학에서 다루는 거의 모든 내용은 새로운 것이 없다. 인간이라면 너무도 당연하게 생각할 수 있는 것이 대부분이다. 단지 그것을 얼마나 명확히 정리했는가에서 차이가 날 뿐이다. 이 책에서 다루는 내용역시 대부분 많은 사람이 안다고 착각하는 것들이다. 그렇지만 거대한 변화에 직면한 지금 다시 한번 질문해볼 필요가 있다. '나는 과연 그것을 잘 알고 있는가?' '혹시 알고 있다고 착각한 것은 아닐까?' 이것을 명확히 구분할 수 있다면 당신의 리더십은 한 단계 업그레이드될 것이다.

인류는 한순간도 변화를 멈춘 적이 없다. 오늘날 세상은 끊임없이 변하고 있다. 다만 그 속도가 갈수록 빨라질 뿐이다. 도태되지 않으려면 우리 조직도 변해야 한다. 변화를 멈추는 순간 모든 것은 끝난다. 변화에 직면해 있다는 것은 우리의 심장이 뛰고 있다는 증거다. 변화를 불편해하거나 두려워하기보다는 자신의 리더십을 돌아보고 작은 것 하나라도 새롭게 실천하는 리더가 되어야 한다.

내 앞에 던져진 문제가 있다면 가장 먼저 자신에게 질문해보자. '나는 이 문제에 대해 제대로 알고 있는가?' 이 책을 통해 자신을 돌아보고 현실의 감각을 깨우는 시간을 가져보길 바란다. 그리고 반성문을 한 번 써보길.

태풍이 불면
풍차부터 달아야 한다

기업과 리더는 그 어느 때보다 파괴적이고 강력한 공격에 직면해 있다. 공격자는 동종 업계의 경쟁사도, 기술과 정보를 빼가는 산업스파이도 아니다. 이 공격자가 무서운 것은 예측 불가능해 위험 회피가 어려운 공격을 하기 때문이다.

전통적인 경영에는 위험을 회피하는 다양한 방법이 있었다. 약간의 손해를 감수하기도 하고, 구조조정이라는 뼈를 깎는 고통을 감내하는 방법도 있었다. 이는 위험이라 하더라도 분명 통제 가능한 영역에 있었기 때문이다. 그런데 최근에 나타난 새로운 공격자의 도전은 위험 회피가 쉽지 않다. 공격의 방향이나 힘의 크기, 무기의 종류, 공격의 시기 등이 서로 인과관계를 갖지 않기 때문이다. 최소한 합리와 이성의 영역 아래에 있어야 예측과 방어를 할 수 있는데 이 새로운 유형의 공격자는 이조차 갖고 있지 않다. 이 공격자는 바로 우리에게 너무도 익숙하고 친숙한 '디지털'이다.

구독 경제의 파괴력

전통적인 자동차 산업에서 핵심 기술 중 하나는 자동차 새시를 만드는 기술이다. 새시가 기본 골격이 되어 엔진, 변속기, 클러치, 핸들, 차축 등이 조립된다. 사람으로 따지면 새시는 척추와 가슴뼈 역할을 한다. 이 기술 때문에라도 자동차 산업은 진입 장벽이 매우 높다.

어느 날 갑자기 다이버전트3D라는 신생기업이 나타나더니 이 새시를 3D프린터로 만들어내기 시작했다. 기존 자동차 업계가 만들어내는 가격에 비해 1000분의 1 수준으로 저렴하고 제작 속도는 22배나 빨랐다. 이 정도 수준의 공격이라면 기존 자동차 업계가 막아내기 어려웠다. 제아무리 혁신의 신(神)이 있다 하더라도 기존 시스템에서 가격을 1000분의 1 수준으로 낮추는 것은 불가능한 일이었다. 22배 속도로 제작하는 것도 마찬가지다.

알파고가 고작 바둑이나 잘 둔다고 생각하면 오산이다. 알파고는 하루 수십억 건의 정보를 처리하는 구글 데이터센터의 전력 소모량을 무려 40퍼센트나 줄이는 방법을 찾아냈다. 순식간에 절반에 가까운 비용을 줄였다는 것은 놀라운 일이다. 이 세상의 그 어떤 기업도 해내지 못했던 일을 디지털 기술의 총아인 인공지능이 해내고 있다.

디지털뿐만 아니다. 새로운 소비 트렌드도 거대 기업을 공격할 정도로 엄청나게 약진하고 있다. 세계 최대 면도기 업체로는 단연 질레트를 꼽을 수 있다. 115년 역사와 전통을 자랑하며 절대 무너지지 않을 것 같은 신화가 흔들리는 일이 2011년부터 2016년 사이에 일어났다. 2010년 당시 질레트의 70퍼센트에 이르는 압도적인 시장점유율은 2015년 59퍼센트, 2016년 54퍼센트로 떨어졌다.

질레트로서는 초비상 사태가 아닐 수 없었다. 이유는 단순했다. 2011년 면도날 정기배송 신생기업인 달러셰이브클럽의 등장 때문이었다. 이 회사는 한 달에 1만 원이라는 가격에 4~5개의 면도날을 정기적으로 배송해주었다. 뒤늦게 질레트도 정기배송 서비스를 시작했지만, 여전히 달러셰이브클럽에 비해 두 배 이상 비싼 가격이었다.

질레트는 이제껏 타이거 우즈, 데이비드 베컴, 티에리 앙리, 박지성 등을 기용해 홍보해왔다. 이들에게 지급한 돈은 가히

짐작 가능할 것이다. 반면 달러셰이브클럽 창업자가 제작한 두 편의 동영상 광고에 들어간 비용은 우리 돈으로 고작 500만 원에 불과했다.

달러셰이브클럽이 개척한 것은 이른바 '구독 경제'라 불리는 새로운 비즈니스 모델이다. 필요에 따라 소비자가 구매하는 것이 아니라 마치 신문을 구독하듯 물건을 구독하는 새로운 소비 형태다. 기존 기술 생태계를 쑥대밭으로 만들 정도로 파괴적인 디지털의 힘과 판을 뒤흔드는 새로운 경제 시스템의 등장이 바로 리더를 향한 공격이다. 도대체 언제 어떤 형태로 변형되고 누가 등장할지 모르기에 이것을 위험 회피가 어려운 공격이라고 지칭하는 것은 매우 온당해 보인다.

메타 지성을 지닌 종족

안타까운 것은 디지털의 공격이 여기서 그치지 않는다는 사실이다. 이번에 새로운 공격 대상자는 한 사무실에서 일하는 동료들이다. 그들은 '메타 지성'을 가진 새로운 종족으로서 인터넷, SNS, 각종 전자기기를 마치 수족처럼 다룬다. 비록 그들 사이에 금수저와 흙수저는 있을지언정 그들 모두가 새로운 종족임이 분명하다.

엑스프라이즈재단 회장 피터 디아만디스는 경제 전문지《포천》이 2014년에 선정한 '세계에서 가장 위대한 리더 50인' 가운데 한 사람이다. 국내 한 일간지와의 인터뷰에서 그는 이렇게 말했다.

"인류는 메타 지성을 지닌 새로운 종으로 진화해가고 있다. 향후 20년 사이 인류의 진화 속도는 급속도로 빨라질 것이다. 현재 우리가 서 있는 지점은 기술 융합의 경계선이다. 내 두뇌는 200만 년 전 선조들과 비슷한 수준의 신피질을 갖고 있다. 하지만 보조 기억 수단이 급속도로 발전한 덕분에 이제 친구 전화번호나 집 주소, 이메일 주소 등을 외워야 할 필요가 없다. 인류의 기억 저장소가 두뇌 밖으로 연장된 덕분이다."

지금의 리더 세대도 재빠른 인류 문명의 진화 덕을 봐왔지만, 구성원 세대는 그보다 훨씬 빠른 속도로 새로운 종으로 진화해가고 있다. 그것은 '세대 차이'라는 부드러운 말로 설명될 수 없다. 근본적인 환경과 태생의 차이이기 때문이다. 이런 새로운 종의 등장을 놓고 불평불만을 늘어놓는 것은 아무런 의미가 없다. 중요한 것은 그들을 어떻게 추동해 지금의 파괴적 환경에서 살아남느냐 뿐이다.

광야에 선 리더가 해야 할 일은 디지털로 무장한 신생기업에 대한 섣부른 벤치마킹도, 새로운 종족에 대한 훈계도 아니다.

지금은 19세기 지식을 배운 20세기 리더가 21세기 구성원과 일하는 시대다. 그들에 대한 섣부른 지적은 감당할 수 없는 실력 차이를 고착화할 뿐이다. 리더가 집중해야 할 것은 '변하는 것'이 아니라 '변하지 않는 것'이다. 한 개인의 힘으로 시대 변화를 통제하는 것은 불가능하다. 자신과 태생과 감성부터 다른 세대를 따라잡는 것도 현실적으로 무리다.

하지만 리더는 경영의 본질에 접근할 힘을 가지고 있다. 사람이 조직에서 어떤 역할을 할 수 있는지 누구보다 잘 알고 있다. 바로 그 자신이 헌신과 열정을 통해 조직을 발전시킨 경험이 있기 때문이다. 디지털 파괴의 본질이 얼핏 디지털 기술인 것처럼 보이지만 사실은 그것을 만드는 것도 사람이고, 그것에 열광하는 것도 사람이다. 따라서 영원히 변하지 않는 주제인 '사람'에 다시 몰입하면 리더는 디지털 파괴의 혼란 속에서도 조직을 발전시키고 새로운 시대의 전쟁터에 뛰어들어 승리할 수 있다.

중요한 것은 끈질긴 노력으로 자신과 구성원의 생각과 마음가짐, 일하는 방식을 변화시켜야 한다는 점이다. 디지털 파괴든, 경제 패러다임의 변화든 모두 일하는 방식의 변화로 귀결된다. 과거와는 다르게 디지털 기술과 다양한 플랫폼을 잘 활용한 덕분에 약진하는 기업이 생겨났다. 어떻게 아이디어를 도출해 그것을 고객에게 적용하느냐에 따라 새로운 경제 패러다임이 구축될 것이다.

마지막 위험 회피 방법

사람은 쉽게 변하지 않는다. 컨설팅 회사 맥킨지앤드컴퍼니는 오랜 실무 경험과 연구 끝에 '조직의 성과를 개선하기 위한 노력 가운데 절반이 실패한다'라는 결론을 내렸다. 그런데 그 이유가 안타까울 정도로 쉽게 이해된다. 리더가 변화를 추진하기 위해 명확한 목표를 제시하더라도 구성원은 과거와 똑같이 행동하기 때문이다. 꼭 맥킨지의 연구 결과가 아니더라도 인간의 이런 성향은 오래전부터 통찰되어왔다. 톨스토이는 "모든 사람은 세상을 바꾸려고 할 뿐 자신을 바꾸려고 하지 않는다"라고 말했다.

여기까지만 보면 디지털 기술과 새로운 경제 패러다임의 공격에 대응하기가 쉽지 않아 보인다. 세상이 변하지만 내가 변하지 않는 상황에서 그 예측 불가능성에 대비한다는 것은 어불성설이기 때문이다. 그러나 맥킨지와 톨스토이는 우리에게 이미 유일무이한 위험 회피 방법을 알려주었다. 그것은 사람을 관찰하고 사람에 집중하고 자신을 변화시키는 것이다. 맥킨지는 조직 내에 자리한 잘못된 사고방식의 원인을 찾고 그것에 적절하게 대처하는 것만으로도 성공 가능성이 4배 이상 높아진다고 조언한다.

태풍이 불면 담을 쌓을 일이 아니라 풍차를 달아야 한다. 새로운 희망은 거기서 시작되기 때문이다.

지금 위진건,
알아야 보인다.
무엇을 모르고
무엇을 알지?

계속 다운되어 있는
김 과장.
나는 그의 마음을
얼마나 알고 있나?

지시하지 말고
질문하라고 했다!
질문을 잘 하는
방법은 뭔가?

측정할 수 없으면
관리할 수 없다!!
드러커 아저씨가
말했다.

회의가 너무 많아
죽을 것 같다…
왜 우리 부서의 회의는
참신하지 못할까?

생각 정리가 잘 안 된다.
중요한 게 너무 많다!
중요하지 않은 것부터
버리자.

MECE?
중복도 누락도 없이!
A 프로젝트를
MECE로 다시
점검해보자.

SWOT, PEST, SKA…
나만의
개념어 사전 만들자.

1부.

정의할 수 있어야
관리할 수 있다

1장.
지즉위진간, 알아야 보인다

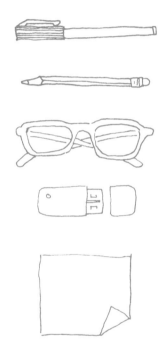

　세계 최고 리더십 전문가로 평가받는 존 맥스웰은 리더십 역량의 인지 정도를 5단계로 분류한다. 가장 높은 5단계는 '자신도 모르게 배우고 체험한 것이 저절로 행동에서 묻어나온다'라는 것이다. 가장 낮은 1단계는 '나는 내가 어떤 것을 모른다는 점을 모른다'라는 것이다.

　이 글을 읽는 리더 중 자신이 1단계라고 확신하는 사람은 많지 않을 것이다. 최소한 누군가를 관리하는 정도의 위치에 오르려면 어느 정도의 조직 생활은 필수다. 그 기간에 보고 배운 것들도 많은데 아무것도 모를 리는 없다. 중요한 것은 자신이 무엇을 아는지 혹은 무엇을 모르는지를 놓고 왈가왈부할 필요가 없다는 점이다. 자신에게 주어진 문제에 대해 '정의'를 내려보면 된다. 정의하고 설명할 수 있다면 알고 있는 것이고, 그렇지 못하면 모르는 것이다.

　1장은 '의심의 여정'이다. 리더로서 알아야 할 것 혹은 알고 있다고 생각하는 것에 대해 의심의 눈길을 보내는 시간이다. 성과, 동기부여, 커뮤니케이션, 메시지 전달, 논리적 대화, 성과 지표 등 분야별로 질문을 해본다. 만일 당신이 이 질문에 답할 수 있다면 리더로서 충분한 자격을 가졌다고 할 수 있다. 하지만 답하지 못했다 하더라도 실망할 필요는 없다. 당신이 무엇을 모르는지를 아는 것에서 변화가 시작하기 때문이다.

성과란 계획된 목표 달성에만
그치지 않는다

가장 먼저 자신이 무엇을 알고 무엇을 모르는지에 대한 질문을 성과 측면에 던져보자. 성과가 없거나 줄어드는 조직은 예정된 몰락의 길에 접어든 것이나 다름없다. 이런 이유로 조직에서 하루에도 수십 번씩 대화의 주제가 되는 것이 바로 성과다. 우리의 의심의 여정은 여기서부터 출발한다. 성과란 과연 무엇인가?

사람들은 상식적으로 이렇게 생각한다.

성과를 냈다 = 계획된 목표를 달성했다

조직에서 계획된 목표는 매우 많다. 끌어올려야 할 매출도 있고, 낮춰야 할 재고율도 있고, KPI(Key Performance Indicator, 핵심성과지표)를 달성하는 것도 있다. 그렇다면 애초에 계획했던 목표를 달성하기만 하면 성과를 냈다고 평가할 수 있을까? 얼핏 이 질문은 전혀 문제가 없는 것처럼 보인다. 조직에서 성과목표를 제시했고, 내가 그것을 달성했다면 모든 것은 순조롭고 잡음이 없을 것이기 때문이다.

보험회사 콜센터에서 벌어지는 한 장면을 살펴보자. 김전술과 이적응이라는 두 명의 상담원이 있는데 그들은 각자 하루에 100건의 전화를 처리한다는 목표를 가지고 있다. 김전술은 이 목표를 달성하기 위해 건당 소요시간을 최대한 줄이면서 정해진 스크립트대로 응대하고 업무 프로세스를 준수했다. 그 결과 오늘 하루 120건의 전화를 처리했다. 그는 계획된 목표를 달성했고, 이에 따라 성과를 냈다며 상사로부터 칭찬을 받았다.

반면 이적응은 오늘 매우 중요한 고객의 전화를 받았다. 금액이 매우 큰 보험을 여러 개 가입한 고객인데 무슨 일인지 잔뜩 화가 나 있었다. 그는 전화를 끊지 않은 채 계속 화를 냈다. 보험회사에서 잘못한 것도 있었지만 그의 반응도 다소 과한 것이 사실이었다. 하지만 이적응은 포기하지 않고 친절하게 응대했다. 그는 이 전화를 처리하기 위해 꽤 많은 시간을 할애했으며 결국 고객은 화를 풀고 거래를 계속 유지하기로 했다.

문제는 그 고객을 응대하느라 너무 많은 시간을 허비한 나머지 다른 전화를 받지 못했다는 점이다. 그로 인해 이적응은 오늘 전화 응대 건수가 90건에 불과해 정해진 목표를 달성하지 못했다. 그는 성과를 올리지 못한 것일까?

만일 이적응이 성과를 올리려고 마음먹었다면 고객이 상품을 해지하든 말든 기계적으로 응대하고 전화를 빨리 끊었을 것이다. 그리고 그 시간에 다른 전화를 받았다면 일일 전화 응대 건수를 달성할 수 있었을 것이며, 상사로부터 성과를 냈다고 칭찬을 받았을 것이다. 하지만 누가 봐도 이적응은 매우 유의미한 성과를 올렸다.

여기서 우리는 '계획된 목표'와 '성과' 사이에 일정한 괴리가 있다는 사실을 알 수 있다. 목표를 달성했다는 말이 곧 성과를 달성했다는 의미가 아닐 수 있다는 것이다. 그렇다면 우리는 앞에서 제시한 등식을 취소해야 한다.

성과를 냈다 ≠ 계획된 목표를 달성했다

다시 원래의 질문으로 돌아가보자. 성과란 과연 무엇인가? 당신이 '이것이 성과다'라고 말하기 위해서는 어떤 것이 필요하고 그 기준은 무엇인가? 당신은 이 질문에 답할 수 있는가?

더 나아가 그 정의를 통해 어떻게 하면 성과를 높일 수 있을지 설명할 수 있는가? 성과가 무엇인지를 정의할 수 없다면 우리는 그것을 모르는 것이며, 성과가 무엇인지 모른다면 그것을 달성하기 어려울 것이다. 내가 지금까지 진행한 기업의 임원급 리더를 대상으로 한 강의 중 '성과란 무엇인가'라는 질문에 자신 있게 답한 사람은 거의 없었다.

리더는 자신이 이끄는 조직의 성과를 정의할 수 있어야 한다.

당근과 채찍,
신상필벌에서 벗어나라

두 번째 질문은 '리더로서 당신은 구성원에게 제대로 된 동기부여를 하고 있는가'이다. 리더라면 누구나 구성원의 열정을 한없이 끌어내고 싶을 것이다. 동기부여가 잘되어 열정이 솟아나면 구성원은 목표를 향해 힘차게 달려갈 것이며, 이는 리더와 조직 그리고 구성원 자신에게도 최적의 상태가 아닐 수 없다. 그런데 동기부여 방법에 관해 물어보면 대다수 리더가 다음과 같이 답한다.

"글쎄요, 잘 하면 보너스도 주고, 잘 못 하면 그에 합당한 대우를 하는 것, 즉 당근과 채찍 방법을 활용하지요. 뭐 별거 있나요? 다 먹고살자고 하는 일인데…."

매우 그럴듯한 답변이다. 소위 말하는 '당근과 채찍'. 앞서가는 직원에게는 당근을 던져 더 앞서가게 하고, 뒤처진 직원에게는 채찍을 가해 따라오게 한다는 전략이다. 더욱이 리더는 승진 결정이라는 매우 매력적인 도구를 가지고 있으며, 인사평가를 통한 좌천과 해고라는 무기도 활용할 수 있다. 그 누가 여기에 반기를 들 수 있을까? 이런 도구와 무기를 가지고 있음에도 제대로 사용하지 못하는 사람은 어리석어 보이기까지 한다.

안타깝게도 리더의 이런 생각은 현실에서 정반대의 결과를 가져온다. 교육심리학자 알피 콘(Alfie Kohn)은 1980년대 중반에 출간한 『보상으로 인한 처벌(Punished by Rewards)』이라는 책에서 이런 동기부여 방법에 대해 의문을 제기한다. 그는 당근과 채찍이라는 동기부여 방법은 동물실험에서 나왔으며, 새에게 모이를 줌으로써 행동을 강화하는 식의 동물 길들이기의 한 방법에 불과하다고 주장했다. 심지어 TV 토크쇼에 출연해 아이들을 애완동물처럼 훈련하지 말라는 파격적인 주장을 펼치기도 했다. 당시 그의 주장에 대해 많은 의견이 있었으나, 그 주장이 옳다는 사실이 계속 증명되고 있으며 최근에는 '인센티브 무용론'까지 제기되고 있다.

《하버드비즈니스리뷰》에 따르면 의도적으로 당근과 채찍 방법을 피하고 다른 고차원적 동기부여 방법으로 조직을 이끌 때 예상보다 큰 성과를 보였다는 연구 결과도 있다. 이 연구에 따르면 구성원의 업무 몰입도는 상상을 초월할 정도로 높아졌고, 업무 만족도는 3배 이상, 세일즈 성과는 40퍼센트 가까이 향상됐다. 이는 당근과 채찍을 사용했을 때 업무 몰입도는 물론 업무 만족도까지 현저하게 떨어지고, 세일즈 성과도 생각만큼 효과적으로 올릴 수 없다는 것을 의미한다. 그 외 생산성, 창의성 등도 기대에 못 미치는 수준일 것이다. 리더가 그토록 신봉하는 당근과 채찍, 신상필벌의 결과다.

자, 그럼 동기부여란 무엇인지 정의해보자. 이 질문에 명확하게 답할 수 있다면 당신은 당근과 채찍을 버리고 자신만의 방법으로 조직을 변화시킬 수 있는 리더일 것이다. 그렇지 않다면 우리는 구성원의 열정을 끌어내는 동기유발 방법을 근본적으로 바꿔야 한다. 여전히 당근과 채찍의 그림자 아래 얼쩡거린다면 리더는 더욱 힘들어질 수밖에 없기 때문이다.

우리는 다시 한번 구성원을 일하게 만드는 동기에 대해 정의할 필요가 있다. 정의할 수 없다면 측정하기 어렵고, 그 결과 관리하고 개선하기 어렵기 때문이다.

대화한다고
다 커뮤니케이션은 아니다

"조직에서 발생하는 문제의 60퍼센트는 잘못된 커뮤니케이션에서 비롯된다."

커뮤니케이션의 중요성에 대해 피터 드러커가 한 말이다. 커뮤니케이션이란 기본적으로 '말하기'와 '듣기'로 이루어져 있다. 태어나서 옹알이부터 시작해 수십 년간 말하기와 듣기를 해온 우리는 왜 커뮤니케이션을 제대로 못 해 그처럼 수많은 문제를 일으키는 것일까?

리더들에게 어떻게 하면 커뮤니케이션을 잘할 수 있는지 그 해법을 물으면 이런 답변이 돌아오곤 한다.

"대화를 많이 하면 되지 않을까요?"

커뮤니케이션에 대한 이런 접근법은 매우 상식적으로 보

이지만 한편으로 가장 왜곡된 방법이기도 하다. 이에 대해 몬트리올대학의 앨라인 고셸린(Alain Gosselin)은 피드백 백래시(Feedback Backlash) 현상을 말한다. 커뮤니케이션에 욕심이 있는 리더가 한 번의 커뮤니케이션에 너무 많은 정보를 담아 너무 자주 하는 경향을 보이면, 구성원은 그가 전하는 정보의 양에 질려 스트레스를 받는다는 것이다. 심할 경우 구성원은 스트레스를 받지 않으려고 의도적으로 리더와의 커뮤니케이션을 피하거나, 리더가 말하면 한 귀로 듣고 한 귀로 흘려버리기도 한다.

이런 현상은 리더가 단기간에 많은 커뮤니케이션을 하거나 혹은 성과 창출을 위해 커뮤니케이션에 지나치게 집중할 때 자주 나타난다. 하지만 커뮤니케이션의 효율을 높이기보다는 오히려 떨어뜨리는 부작용으로 연결되는 경우가 많다. 리더는 구성원과 많은 대화를 한다고 생각하지만, 그것이 커뮤니케이션이 아니라 일방적으로 혼자 떠드는 것은 아닌지 돌아볼 필요가 있다.

정상적인 커뮤니케이션이라 하더라도 그것이 일방적인 지시로 느껴질 수 있으며, 더 나아가 그 과정에서 구성원은 원치 않는 동의를 해야 할 때도 있다. 특히 리더가 "그렇지 않아?"라며 동의를 구하는 말을 자주 하면 구성원으로서는 자기 뜻과 무관하게 원치 않은 동의를 할 수밖에 없다. 이 역시 정상적인 커뮤니케이션이라고 볼 수 없다.

심지어 우리 직장에서는 다음과 같은 상황도 비일비재하다. 한때 직장인의 심금을 울렸던 드라마 〈미생〉의 한 장면이다. 다들 그 대책 없는 꼰대의 정점에 있던 '마 부장'을 기억할 것이다.

마 부장: 야, 이거 말이야. 미국 수출하려면 당연히 인증이 있어야 하는 것 아니야?

직원 1: 무슨 인증….

마 부장: 먹을 거는 말이야… 어, 뭐냐… 미국 FTA… 그거 있잖아, 그거… 아 씨, 왜 이렇게 생각이 안 나지? (목소리가 커지며) 그거 있잖아! 그거. 그거. 몰라? 말을 못 알아들어. 알아서 찾아와.

직원 1: FTA면… 한미 FTA를 말씀하시는 겁니까. 거기서 무슨 인증을….

마 부장: 자유무역협정 말고! 이렇게 말귀도 못 알아듣는 새끼가 우리 회사에 어떻게 들어왔어! 너 학교 어디 나왔어? 이러니까 대학도 보고 뽑아야 한다는 거야. 너 손 차장 팀이지?

직원 1: 네….

마 부장: 이래서 여자가 팀장이 되면 안 된다고!

왜 수많은 사람이 이 장면에 격한 공감을 표시했을까? 기업 현장에서 자주 일어나는 일이기 때문이다. 커뮤니케이션을 제대로 못 한다는 것은 커뮤니케이션을 모른다는 의미이며, 이는 커뮤니케이션을 정의할 수 없음을 말한다.

"커뮤니케이션이란 무엇인가?"

만일 리더인 당신이 이 질문에 제대로 답할 수 없다면, 당신이 이끄는 조직은 많은 혼란과 불필요한 일에 아까운 자원을 낭비하는 불쌍한 조직일 수 있다. 어디서부터 시작해야 하는가? 커뮤니케이션에 대한 정의에서부터 시작해야 한다. 정의할 수 있어야 측정하고 관리할 수 있다.

구성원은 당신이 보내는
메시지가 헷갈린다

우리는 모두 메시지 전달자다. 자신이 원하는 것을 메시지 형태로 만들어 타인에게 전달하고 그에 맞는 반응을 이끌어낸다. 아주 사소하게는 레스토랑에서 스테이크를 시킬 때도 메시지를 전달해야 한다.

"안심 스테이크, 웰던으로요."

당신이 이 말을 하는 순간 '안심, 웰던'이라는 메시지가 종업원에게 전달되고, 그 순간 당신은 메시지 전달자가 된다. 이 간단한 일에도 메시지 전달자와 수신자라는 역할이 부여되는데 회사의 복잡한 업무 프로세스에서는 더 말할 필요도 없을 것이다.

메시지 전달 과정에서 가장 중요한 것은 무엇일까. 내가 상대에게 원하는 반응을 정하고, 그 반응을 얻어내기 위해 내 생각을 명확하게 정리해 효과적으로 전달해야 한다는 것이다. 한마디로 메시지 전달 과정에서 가장 중요한 것은 내 생각의 정리다. 구성원이 알아듣기 쉽게, 핵심을 이해하고 지시에 충실하게 실행하도록 하려면 리더의 생각이 제대로 정리되어야 한다. 현장에서 리더는 수없이 이런 말을 한다.

"그렇게 골백번을 말했는데도 엉뚱한 짓을 했나?"

"그걸 꼭 말로 해야 알아?"

이 말만 들으면 엉뚱한 짓을 한 구성원이 잘못했고, 말해주지 않으면 모르는 부하직원에게 문제가 있는 것처럼 보인다. 하지만 메시지 전달자와 수신자의 관점에서 보면 그것은 명백히 리더의 잘못이다. 골백번을 말했으면서도 구성원의 엉뚱한 짓을 예방하지 못했고, 말해주지도 않았음에도 눈치껏 알아들으라고 하는 것은 분명 모순이다. 아인슈타인은 이런 말을 했다.

"여섯 살짜리 아이에게 알아들을 수 있도록 설명할 수 없다면 당신도 이해하지 못한 것이다."

구성원을 이해시킬 수 없는 리더, 자신도 이해하지 못한 것을 구성원에게 지시하는 리더. 이런 리더의 메시지는 원하는 반응을 이끌어내지 못하며 의미 없는 푸념에 불과할 뿐이다.

더 나아가 구성원이 메시지를 납득해야 한다. 납득이란 '다른 사람의 말이나 행동, 형편 따위를 잘 알아서 긍정하고 받아들인다'라는 의미다. 이렇게 구성원이 내 말을 받아들이는 과정이 이루어지지 않으면 그 사람의 실행력에 문제가 생기게 된다. 골백번을 말해줘도 납득하지 못하니 엉뚱한 짓을 하게 되고, 게다가 제대로 말해주지도 않았으니 그것이 납득될 리 없다. 사람은 누구나 상대의 말을 이해하고 긍정하고 받아들일 때 변화하기 마련이다. 납득하는 과정이 생략된 메시지 전달은 원하는 결과를 얻기 힘들다.

조직에서 벌어지는 수많은 시행착오, 실수, 누락, 중복은 대개 리더의 생각이 정리되지 않아 메시지가 제대로 전달되지 않고, 구성원이 그것을 납득하지 못하기 때문에 생긴다. 구성원이 제대로 일하지 못하는가? 구성원이 자꾸 엉뚱한 짓을 하는가? 그렇다면 리더인 자신에게 질문해봐야 한다. "내가 전하려는 메시지 안에 내 생각이 잘 정리되어 있는가? 그것을 구성원이 충분히 이해하고 긍정적으로 받아들이고 있는가?"

반대로 리더는 어떻게 해야 할까? 자신이 하고 싶은 말인지, 꼭 해야 할 말을 하고 있는지 자문해봐야 한다. 내가 하고 싶은 말과 꼭 해야 할 말은 어떻게 구분하는가? 간단하다. 구성원이 내 말을 듣고, 내가 원하는 행동을 통해 내가 원하는 결과에 이르는 방향으로 일을 진행한다면 내 생각이 잘 전달된 것이다. 반대로 리더 자신은 제대로 말했다고 생각하는데 구성원이 엉뚱한 결과를 가져온다면 그것은 누구의 문제일까? 거의 모든 경우 리더의 문제다. 이럴 때는 자기 생각을 잘 정리해 전달하고 있는지 돌아봐야 한다.

그렇다면 생각의 정리는 어떻게 해야 하는가? 이 질문에 대해서는 리더 스스로 정의하고 답을 찾아야 한다. 이 과정은 구성원이 대신해줄 수 없기 때문이다.

아직도 계급이 깡패라며
누르고 있는가

리더의 가장 중요한 일 중 하나는 '지시'다. 리더는 '지시하는 사람'이라고 해도 과언이 아니다. 리더가 본연의 역할에 충실하려면 당연히 지시를 잘해야 한다. 하지만 놀랍게도 구성원이 리더에게 가진 가장 큰 불만은 이 지시의 과정에서 생겨난다. 약 1000명의 직장인을 대상으로 설문조사를 했다. '일하고 싶지 않은 리더는 어떤 유형인가'라는 질문에 대한 상위 5위의 답변을 살펴보면 구성원의 불만이 적나라하게 드러나 있다.

5. 보고서 첫 장만 보고 문제를 지적하는 리더

4. 소신 없이 상부 지시만 따르거나 수시로 방침을 바꾸는 리더

3. 구성원에게 책임을 떠넘기는 리더

2. 공과 사를 구분하지 못하는 리더

어떤 리더인지 대부분 머릿속에 떠올릴 수 있을 것이다. 그렇다면 1위는 무엇일까?

1. 구체적인 방침 없이 막연하게 지시하는 리더

리더의 직무 태만을 알리는 구성원의 경종이 아닐 수 없다. 구성원이 막연하게 업무를 지시하는 리더를 싫어하는 데는 분명한 이유가 있다. 그것이 소위 말하는 '삽질'을 부르기 때문이다. 열심히 일했는데 전혀 다른 방향으로 가고 있다는 사실을 알면 구성원은 힘이 빠지고 허탈할 수밖에 없다. 일하고 싶은 의욕이 사라지고 그간의 노력에 억울함을 느끼며 리더를 원망하게 된다. 그런데도 현실에서는 다음과 같은 리더의 업무 지시가 끝없이 이루어지고 있다.

최 부장: 지금 우리 회사 매출에 비상이 걸렸어. 어서 시장 조사를 시작해야 할 것 같은데?

김 과장: 저 부장님, 저는 공대생이라서 시장 조사를 어떻게 해야 하는지 잘 모르는데요….

조 과장: 네, 저도 예전에 해보긴 했는데, 이번에는 어떤 방향으로 해야 하는지….

최 부장: 야, 너희들은 10년이나 일했다는 놈들이 그런 것도 몰라? 내가 말하면 척하고 알아들어야지! 하여튼…. 둘이 협의해서 잘 좀 알아서 해봐! (자식들이, 나도 모르는데 그걸 나한테 물어보면 어떡하냐! 너희가 알아서 해야지!)

김 과장: (아, 참, 대체 뭘 어쩌라는 거야?)

조 과장: (정말 막막하네…. 무엇부터 시작해야 하지?)

자, 그럼 다음의 경우는 어떨까?

최 부장: 지금 우리 회사 매출에 비상이 걸렸어. 어서 시장 조사를 시작해야 할 것 같은데? 우선 시장은 세 가지로 구성되잖아? 우리 회사, 고객 그리고 경쟁사로 나눌 수 있지. 경험 많은 최 과장은 우리 회사 내부를 살펴보고, 젊은 이 대리는 고객의 트렌드를 살펴봐줘. 그리고 리서치 분야에서 근무한 경험이 있는 조 과장은 경쟁사의 동향을 살펴봐주고. 세 사람의 조사 결과를 합쳐서 회의하면 대응 방안이 나올 거 같아. 다음 주 화요일까지, 됐지?

구성원들: 네, 알겠습니다!

구성원은 바보가 아니다. 회사에 입사하기 위해 어려운 시험과 면접을 통한 검증 과정을 거쳤고, 입사한 뒤에는 교육을 받으면서 업무 역량을 길러왔다. 열심히 하려는 의지도 갖고 있다. 그런데도 계속 삽질을 하는 것은 결국 리더가 어떻게 지시하느냐에 달려 있다.

자기 자신에게 물어보자. '나는 과연 제대로 된 업무 지시 방법을 알고 있는가?' 제대로 된 업무 지시가 무엇인지 정의할 생각은 없고 계급으로 누르는 지시만 한다면 당신은 구성원을 불행하게 만드는 원흉이 되고 말 것이다.

모이기만 한다고
문제가 해결되진 않는다

회의의 역할은 '문제 해결'이다. 모호했던 업무 분담을 새롭게 정리하여 각자에게 명확한 역할을 부여한다. 소통의 활로를 뚫어 프로젝트를 추동하는 역할도 한다. 무엇보다 중요한 것은 의사 결정이다. 일의 향배를 결정할 집단의 의사를 모으고 확정하는 과정이다. 이렇게 중요한 회의를 회의적인 시각으로 바라보는 사람이 적지 않다.

다음은 한 기업의 블라인드 앱에 실제로 올라와 있는 직장인의 하소연이다.

"회의가 너무 많아 죽을 것 같다. 경영 전략 회의, 경영 전략 회의 준비를 위한 회의, 목표 달성 워크숍, 목표 달성 워크숍

대비 회의, 업무 공유 회의, 업무 공유 회의를 준비하는 회의. 사장님께 올리는 주간 업무 보고, 경영진 주간 업무 보고, 부재중 업무 보고…. 도대체 뭐하는 건가. 출근하면 회의 준비만 하다가 퇴근한다. 회의, 회의, 회의…. 우리 회사는 사업을 하는 곳인가? 회의를 하는 곳인가?"

"사장님 회의, 그 회의 대비 본부 회의, 그 회의 대비 실 회의, 그 회의 대비 팀 회의. 매번 회의마다 이 모양이니 언제 일하나…."

이런 상황이라면 회의는 문제 해결의 장이 아니라 에너지 소진의 장이며 낭비다. 회의는 분명하게 돈이 들어가는 일이다. 조직으로서는 가장 큰 비용 요소 중 하나인 구성원의 시간을 투자해야 한다. 하지만 잘못된 사용으로 조직의 역량이 낭비되는 일이 비일비재하다. 컨설팅 회사 프라우드풋이 CEO 2700명을 조사한 결과, 평균 10번 중 6번을 회의에 지각하는 것으로 나타났다. 모 글로벌 은행의 경우 CEO 한 명과 임원급 네 명이 회의에 15분 지각하면 그 손실이 무려 4200달러(한화 약 480만 원)에 달한다고 명시해놓았다.

더 중요한 것은 의미 없는 잦은 회의가 구성원의 '무임승차'

를 부른다는 사실이다. 자신의 의견을 명확하게 전달하기보다는 다른 사람들의 의견에 '숟가락 얹기'를 시도하는 사람들이 늘면서 회의는 매우 비효율적인 일로 전락하게 된다.

이런 일을 방지하기 위해 리더는 회의에 앞서 이 회의가 정말 필요한지 판단할 필요가 있다. 회의에도 여러 종류가 있다. 리더가 일방적으로 정보를 전달하는 회의라면 메일이나 사내 게시판을 활용하면 된다. 별도의 회의가 필요 없다. 리더의 생각을 공유하는 회의 역시 간단한 아침 미팅이나 조회 시 전달하면 된다. 쌍방향의 정보를 주고받는 경우라 하더라도 회의는 필요 없다. 전자결재나 사내 게시판을 활용하면 되기 때문이다.

'회의(會議)'는 모여서 의논한다는 의미다. 그렇다면 생각해보자. 정말로 필요한 회의는 무엇을 하는 회의인가? 모든 리더가 조직의 경쟁력을 논하고 성과를 말하지만 정작 내부의 쓸데없는 회의가 경쟁력을 떨어뜨리고 성과를 창출할 시간을 좀먹고 있다.

회의 시간을 최대한 줄이려는 글로벌 리더의 노력은 필사적이기까지 하다. 생활용품 제조회사 프록터앤드갬블을 오늘날의 글로벌 기업으로 성장시킨 앨런 래플리 회장은 평소 이렇게 말하곤 했다.

"내가 직접 회의 자료에 대한 피드백을 줄 테니, 보고서를 세

장으로 줄여 회의에 참석하십시오. 만일 회의 안건에 대해 충분히 이해하고 고민했다면 한 장으로 줄여도 됩니다. 그리고 가능하면 완전히 없애십시오."

무엇이 문제인가? 리더는 자신에게 질문할 필요가 있다. '나는 지금 꼭 필요한 회의를 하고 있는가?' '회의란 무엇인가?' '왜 회의가 필요한가?' '모여서 어떻게 해야 하는가?' 이런 질문에 답하고 정의하는 과정이 선행되어야 현재 상황을 개선할 수 있다.

KPI를 지나치게 맹신하고
있지 않은가

　대학을 졸업하면 시험으로부터 해방된 것처럼 생각되지만 실상은 그렇지 않다. 직장인에게는 일명 '핵심성과지표(KPI)'라는 새로운 시험이 기다리고 있다. 마치 학기말 시험처럼 한 해의 업무 성과 평가 등급을 나타내는 이 KPI에 따라 승진과 연봉이 결정되고 사내에서의 위상도 달라진다. 구성원을 평가해야 하는 리더로서는 매우 강력한 업무 평가 툴의 하나다. 이 지표를 활용하면 직원 평가에 대한 객관적 근거를 가질 수 있기 때문이다.

　그런데 KPI에는 한 가지 구멍이 존재한다. 그것은 KPI가 '무엇이 문제인가'를 알려줄 수는 있어도 '그럼 어떻게 해야 하는가'에는 답을 주지 못한다는 점이다.

자동차의 대시보드를 살펴보자. 거기에는 다양한 지표가 포함되어 있다. 기름은 얼마나 있는지, 현재 자동차 속도는 어느 정도인지, 아르피엠(RPM)은 얼마인지 등 자동차를 운행하는 데 필요한 정보를 실시간으로 보여준다. 이런 지표들은 자동차가 운행되는 데 별다른 문제가 없는지, 현 상태가 어떤지 알려준다. 기름이 바닥을 보이면 노란불이 들어오면서 경고를 한다. 하지만 이 신호는 그저 경고일 뿐 문제에 대한 해결책이 되지 않는다. 노란불을 없애기 위해서는 주유소를 찾아가 기름을 넣어야 한다. 대시보드는 경고만 할 뿐 주유소 위치는 알려주지 않는다. 우리는 주유소의 위치를 찾아서 그곳으로 자동차를 몰고 가야 한다.

KPI도 마찬가지다. 현재 구성원이 어느 정도로 일을 했는지, 성과 달성을 위해 어느 정도까지 왔는지를 알려주지만, 구성원의 성과를 높이기 위해서는 어떻게 해야 하는지는 답해주지 않는다. 그런데도 KPI가 리더에게 매우 유용한 것은 시쳇말로 '구성원들을 혼내기에 좋다'는 점 때문이다. 객관적 수치가 있으니 "도대체 일을 하는 거냐?", "열심히 하지 않으려면 출근은 뭐 하려 하나?" 하고 질책하는 데 근거 자료로 적합한 것이다.

리더의 역할은 과연 그것이 전부일까? 만일 그렇다면 조직 입장에서 볼 때 너무 불성실한 리더가 아닐 수 없다. 문제가 생기면 그것을 해결하고 돌파구를 열어주어야 하는 리더가 KPI를 가지고 구성원을 혼내기에만 여념이 없다면 성과는 요원할 수밖에 없다.

KPI는 원래 전사의 계획과 실행을 관리하기 위한 툴로 개발됐다. 그 이름대로 수많은 성과 지표 중 현재 전략에 가장 필요한 핵심(Key) 지표를 찾아내야 하는데, 그러다 보면 지나치게 포괄적이 되기 쉬워 부서 간 균형을 맞추기 어렵다는 단점이 있다. 게다가 위에서 정해진 KPI가 실행 부서로 내려오면서 KPI를 위한 KPI가 새끼를 치듯 늘어나 원래 목적보다는 관리를 위한 툴로 전락하는 경우도 많다. 이런 이유로 대부분의 중간관리자에게 KPI의 효용을 물으면 쓴웃음만 짓는 것이 현실이다. 심지어 다음과 같이 KPI의 맹점을 신랄하게 비판하는 사람도 있다.*

- 진정한 성과가 외면당할 수 있다.
- 도전 의욕을 떨어뜨릴 수 있다.
- 책임 회피를 조장할 수 있다.
- 편법과 꼼수 활용을 부추길 수 있다.
- 직원들의 편법을 조장할 수 있다.
- 단기적 성과만 추구하게 만들 수 있다.

- 유연한 관리 환경을 해칠 수 있다.
- 우리 부서의 KPI가 다른 부서의 성과를 방해할 수 있다.
- 성과를 올리기 위해 도입한 KPI가 성과를 떨어뜨릴 수 있다.

KPI의 장점도 많지만, 이 정도의 단점이라면 그것을 상쇄하고도 남을 지경이다. 이런 부작용으로 인해 구성원은 눈에 보이는 지표에만 신경 쓰게 되고, 특별한 도전을 시도하기보다는 지표 점수만 높이려고 하고, 다른 부서의 업무를 방해하든 말든 신경 쓰지 않게 된다. 이는 유연한 관리 환경마저 해친다. 지표를 위한 지표 관리에 빠질 위험이 있는 것이다.

리더에게는 KPI의 단점을 보완하는 새로운 지표가 필요하다. 그런데도 한국의 많은 조직에서는 아직도 KPI에만 의존하는 경우가 많다. 경영컨설턴트 헨리크 얀 반 데르 폴(Henrik Jan van der Pol)은 다음과 같이 OKR(Objectives and Key Results, 목표 및 핵심 결과 지표)의 도입 필요성을 강조한다.

"OKR과 KPI는 완벽한 보완의 관계가 된다. KPI는 성과 모니터링과 개선을 위한 문제점과 문제 영역을 구분할 수 있게 해 준다. 반면 OKR은 그 문제를 해결하고 프로세스를 개선함으로써 혁신을 추구하는 데 구체적인 도움을 준다."

리더인 당신은 평소 실행력을 관리하기 위해 고민하고 있는가? OKR에 대해 들어본 적이 있는가? 30여 년 전 인텔에서 만들어져 구글에 전파된 뒤 일하는 방식을 혁신한 이 놀랍도록 참신한 방법론은 이제 막 한국 기업에 알려지기 시작했다. 하지만 여전히 많은 기업은 OKR이 존재하는지도 모르는 상황이다. 당신은 어떤가? 꼭 OKR이 아니더라도 당신은 목표와 실행을 관리하는 데 필요한 툴을 알고 있는가?

리더는 자신에게 물어야 한다. 주어진 성과 목표를 어떻게 관리하고 있는가? KPI가 당신이 원하는 대로 조직을 이끌어가는 성과 관리 도구로서 제대로 작동하고 있는가? 이 질문에 쓴 웃음만 지어서는 안 된다. 리더는 '성과'와 '목표 및 실행 관리'를 정의하고 무엇이 잘못됐는지 확인한 뒤 개선점을 찾아야 한다. 어디서 시작할 것인가? 리더 자신의 문제를 정의하는 데서 시작해야 한다.

* 「KPI에 대한 맹신을 버려라」 유정식, 《매일경제》, 2014. 4. 14

의심은 불신이 아니다

"진정한 자기 교육 방법은 모든 것을 의심해보는 것이다."

존 스튜어트 밀은 이렇게 말했다. 자신에 대해 스스로 의문을 가져보는 것은 고통스러운 일이다. 무엇보다 리더의 자리에까지 오른 당신이 이제까지 가져왔던 확신, 믿음을 부정하는 것은 자기 정체성을 뒤흔드는 일이 될 수 있다.

하지만 의심은 불신이 아니다. 더 확고한 믿음을 갖기 위한 여정이며 이제껏 충분한 능력을 발휘해온 자신을 한 단계 끌어올리는 기폭제가 된다. 문제가 생겼지만, 그것이 풀리지 않는다면 문제를 푸는 방식 자체를 의심해야 한다. 평소에도 지금의 업무 방식, 동기유발, 목표 설정, 코칭, 성과 산출 등 모든 것을 의심해볼 필요가 있다.

위기의 순간에는 더욱 이 의심이 유용하다. 주변 상황이 빠르게 변하고 있음에도 여전히 자기 확신에 차 있다면 결과는 불안할 수밖에 없다. 하지만 의심으로부터 새롭게 시작한다면 결과는 확신으로 끝날 수 있을 것이다.

2장.
미치도록 일하는
사람들은 누구인가

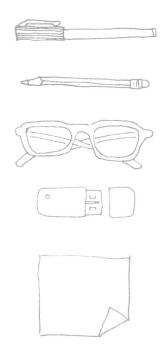

intro

"미치도록 열심히 일하는 사람들." 이 말은 두 가지 관점에서 생각해볼 수 있다. 리더 입장이라면 너무도 고마운 일이다. 하지만 구성원 입장이라면 이야기가 달라진다. 어쩌면 그들은 조직에 대한 충성을 자기 삶의 낭비라고 생각할 수 있다. 이 하늘과 땅의 격차는 단순한 입장 차이 혹은 세대 차이에 불과할까?

만일 이런 상황이 벌어지고 있다면 그 회사의 동기부여 방식은 이미 붕괴했다고 할 수 있다. 구성원이 미치도록 일한다고 해서 리더가 고마워해야 할 일은 아니며, 열심히 일하는 것을 '삶의 낭비'라고 생각하는 것도 구성원의 착각이다. 제대로 동기가 부여된 회사라면 미치도록 일하는 구성원을 바라보는 리더는 그것을 당연한 일이라 생각할 것이고, 구성원은 그것이 자기 삶의 플러스 요인이라고 여길 것이다.

"제발 좀 열심히 일하라"고 하는 리더와 "제발 좀 적당히 일하고 싶다"라는 구성원의 보이지 않는 신경전을 끝낼 무기가 있으니, 그것은 바로 제대로 된 동기부여다.

피할 수 없으면 즐겨라
vs. 즐길 수 없으면 피하라

사람은 누구나 세상과 타인을 판단하고 예견하고 추론한다. 자기만의 확신에 따라 세상과 관계를 맺고 타인과 소통을 한다. 이런 자기 추론과 예견이 큰 균열 없이 들어맞으면 별문제가 없다. 그런데 최근 수년 사이 리더들이 매우 당황하고 있다. 구성원에 대한 자기 추론과 예견이 전혀 들어맞지 않고 있기 때문이다. 그들은 이제까지 리더들이 가져온 사고방식, 행동방식과는 전혀 다른 스타일과 신념으로 중무장하고 있다.

그런 새로운 성향의 젊은이가 하필 부하직원으로 입사해 내 앞에 앉아 있다. 이것은 당황스러움을 넘어 괴로움에 가깝다. 상사 때문에 퇴사하고 싶다는 부하직원도 많지만, 요즘에는 부하직원 때문에 퇴사 충동을 느낀다는 상사도 많다. 리더 세대에서는 '피할 수 없으면 즐겨라'가 매우 당연한 말이었지만, 요즘 부하직원은 '즐길 수 없으면 피하라'는 새로운 철학으로 중무장한 채 퇴사학교에 다니고 있다. 도저히 불가능할 것 같은 리더와 구성원 사이의 격차를 줄이는 방법은 어디에서 찾을 수 있을까?

회사를 탈출하고 싶어 하는 직원들

흔히 '초심'을 이야기한다. 처음 시작할 때 가진 자세와 태도를 이르는데, 그것이 단순히 '시간상으로 가장 앞서 먹은 마음'이라는 의미는 아닐 것이다. 뜨거움, 열정, 높은 이상 그리고 순수한 용기 등 초심에는 남다른 의미가 담겨 있다. 이런 이유로 사람들은 초심에 남다른 가치를 부여한다.

중간에 먹는 마음이나 나중에 먹는 마음도 나름대로 가치가 있을 텐데, 왜 유독 초심에 이런 높은 가치를 부여하는 것일까? 그것은 바로 초심에 '왜(WHY)'가 살아 숨쉬고 있기 때문이다. 이제까지 전혀 하지 않던 일을 새롭게 시작할 때에는 그것을 해야 하는 간절한 이유가 있다. '나는 왜 이 일을 해야 하는가'에 대한 자신만의 정당한 이유가 있는 것이다.

신입사원의 초심은 어렵지 않게 예상할 수 있다. 입사를 통해 백수 공포에서 탈출하고 싶고 일을 통해 전문성도 기르고 싶다. 부모에게 인정받고 주변 친구들로부터 부러운 눈길도 받고 싶다. 그 차원이 높든 낮든 상관없이 그들이 가진 '왜'는 매우 선명하고 간절하다. 그것이 그들을 치열한 취업 전쟁을 견뎌내게 한 근원적인 이유다.

하지만 회사에 들어오면서부터 신입사원은 '왜'보다는 '무엇을(WHAT)'과 '어떻게(HOW)'에 더 초점을 맞추기 시작한다. 업무에 익숙해져 능력을 인정받는다는 것은 곧 '무엇을'과 '어떻게'를 재빠르게 알고 수행해낸다는 의미이기도 하다. 신입사원은 매우 행복할 것 같지만 사실 이때가 매우 위험한 단계이기도 하다. '무엇을'과 '어떻게'에 집중하면서 동시에 '왜'가 사라진 신입사원은 초심이 없어진 직장에서 자신을 잃어버리게 되는 것이다.

몇 년 전 20대 청년들이 국내 최고 대기업에 입사하고도 얼마 지나지 않아 퇴사하는 기이한 현상을 파헤친 다큐멘터리 프로그램이 방영됐다. 그 프로그램에서 한 퇴사자가 이렇게 말했다.

"그동안 저 자신을 버리고 오직 회사에 입사하기 위해 모든 노력을 다했습니다. 그런데 막상 입사해보니 그곳은 제가 꿈꾸던 곳이 아니었습니다. 서류 복사하고, 선배 심부름하고, 보고서 타이핑하고, 가고 싶지 않은 회식 자리에 불려 가서 시중드는 제 모습을 보게 될 것이라고는 상상도 못 했습니다. 저를 더욱 암담하게 만드는 것은 선배들의 모습이었습니다. 생기도 없고 인생을 포기한 듯한 그들의 표정이 저를 당황하게 했습니다. 그 모습이 저의 10년 후 모습이 되리라는 생각에 이르자 하루라도 빨리 그곳에서 탈출해야겠다고 다짐하게 됐습니다. 저는 앞날이 창창한데 그렇듯 희망 없는 삶을 살 수는 없었습니다."

그의 말에서 주목해야 할 몇 가지 단어들이 있다. '하찮은 일', '인생을 포기한', '희망 없는 삶'이다. 이 사람은 마치 회사가 수렁이나 감옥이라도 되는 듯 '탈출'이라는 표현까지 써가며 벗어나고 싶어 했다. 왜냐하면 그의 초심인 '왜'가 박살 났기 때문이다. 물론 사람들은 이렇게 말한다. "아니, 그 좋은 회사를 왜 그만둬?"라고 말이다. 이는 대기업이라는 외적 조건만 봤을 뿐 무너져내린 한 직장인의 내적 절망을 보지 못했기 때문이다.

정규 업무를 중단시킨 회사

호주의 신생기업 애틀래시언(Atlassian)은 소프트웨어를 만드는 회사다. 이 회사는 최근에도 약 4600억 원을 들여 다른 기업을 인수하는 등 공격적으로 몸집을 불려나가고 있다. 창업 초기 이 회사의 리더들은 한 가지 매우 독특한 실험을 했다.

어느 날 그들은 이런 사내 공지를 올렸다.

"지금부터 24시간 동안 정규 업무를 중단하고 하고 싶은 일을 하십시오. 무엇이든 가능합니다. 다만 정규 업무는 반드시 중단하십시오."

이 글을 읽고 구성원들은 무엇을 했을까? 맥주를 좋아하는 호주인들이니까 펍으로 맥주나 마시러 갔을까? 아니었다. 구성원들은 그간 못 했던 코드를 수정하거나 신제품의 아이디어를 구상하기 시작했다. 정규 업무를 중단하라고 했더니 오히려 더 창의적인 일을 한 것이다. 더 나아가 자신들이 한 일을 자발적으로 정리하고 다른 팀 앞에서 발표하기도 했다. 물론 그들이 일만 한 것은 아니었다. 일이 끝난 뒤에는 맥주를 마시며 즐기기도 했다.

그 후 리더들은 구성원들이 과연 그 시간 동안 무엇을 했는지 살펴봤다. 결과는 입을 떡 벌어지게 했다. 정규 업무에서는 도저히 나오지 않았던 새로운 소프트웨어가 등장했고, 기존 소프트웨어가 혁신적으로 업그레이드되어 있었다. 이상하지 않은가? 정규 업무를 중단했더니 오히려 창의적으로 일하는 구성원들. 애틀래시언의 직원들은 이 한마디로 표현할 수 있다.

"미치도록 일하는 사람들."

이 회사의 리더들은 구성원들의 폭발적인 동기유발에 깜짝 놀랐고, 이후 정규 업무를 중단하는 시간을 전체 근무 시간 중 20퍼센트로 확대했다.

한편 1990년대 중반 명실공히 세계 최대 IT 회사였던 마이크로소프트는 '엔카르타(Encarta)'라는 백과사전을 만드는 프로젝트를 시작했다. 상당한 예산과 최고의 전문가 그리고 아주 훌륭하게 훈련받은 베테랑 직원들이 투입됐다. 이 프로젝트에는 경쟁사가 있었다. 바로 위키피디아였다. 이들의 경우 계획만 있을 뿐 일을 해도 누구도 돈을 받을 수 없고 전문가가 투입된 것도 아니었다. 당시 리더도 없고 조직도 없는 이 계획이 성공하리라고 생각한 사람은 많지 않았다. 무엇보다 자금과 조직, 전문가 투입이라는 압도적 차이 때문에 위키피디아의 필패가 예견됐다.

하지만 지금 누구나 알고 있듯 승자는 위키피디아였다. 구글 역시 그 전문성을 인정하고 특별한 예외가 없는 한 검색에서 위키피디아의 문서를 최상위로 보여줄 정도다. 반면 엔카르타는 2009년 일본을 제외한 전 세계에서 온라인판이 폐쇄됐고 일본마저도 그해 12월 31일에 문을 닫았다.

애틀래시언의 성공과 엔카르타의 실패 중심에는 '왜'가 자리하고 있다. 위키피디아에서 사람들은 '재미있다', '의미 있다', '나도 참여했다는 보람을 느끼고 싶다'라고 말했다. 다시 말해 '왜'가 충족된 것이다. 애틀래시언 직원들에게 일하는 시간은 괴로운 시간이 아니었다. "정규 업무가 아닌 새로운 일을 하면 되잖아?"라는 생각의 밑바닥에는 자신이 왜 일하는지에 대한 신념이 자리하고 있다.

애틀래시언의 이야기를 듣고 한국 직장인은 이렇게 말할 수도 있다. "도대체 회사에서 일하지 말라고 하는데 왜 일을 해? 참 이상한 친구들이네!" 이 역시 외형적인 상황만 보았을 뿐 애틀래시언 직원들의 내면에 존재했던 그 엄청난 동기부여와 열정을 주시하지 않았기에 하는 말이다.

초심을 잃고 '월급 루팡'으로 전락한 구성원에게 절실하게 필요한 것은 '왜'다. 이를 되살려낼 사람은 리더밖에 없다. 리더가 이미 정해져 있는 시스템, 변하지 않는 스타일을 고수한다면 구성원 앞에는 퇴사라는 탈출의 길밖에 없다. 그 부정적인 퇴로를 차단하고 구성원을 다시 성장시킬 힘은 제대로 된 동기유발뿐이다.

지금부터는 '동기부여'라는 단어보다는 '동기유발'이라는 단어를 쓰고자 한다. 이유는 간단하다. 동기는 부여되기만 해서는 안 된다. 동기를 부여한 상대로부터 유발이 되어야 하기 때문

이다. 구성원의 얼굴을 하나씩 떠올리면서 어떻게 하면 제대로
된 동기유발을 할 수 있는지 생각해보자.

breakthrough

- 리더인 나는 지금 왜 이 일을 하는지 설명할 수 있는가?
- 구성원들은 왜 이 일을 하는지 설명할 수 있는가?

월급 루팡과 열정적인 직원의 동기는
어떻게 다른가

　동기유발에 대해 본격적으로 살펴보기 전에 한 가지 짚고 넘어가야 할 것이 있다. '동기의 레벨'이라는 개념이다. 레벨이라는 것은 다양한 차원의 정도 혹은 질적인 차이가 있음을 말한다. '밥을 먹었다'라는 말에도 다양한 레벨이 있다. 고급 한정식을 먹을 수도 있고 라면을 먹을 수도 있다. 하지만 둘 다 '밥을 먹었다'라고 말한다.

　우리는 흔히 '저 친구는 동기유발이 잘 되어있어'라거나 혹은 '저 친구는 동기유발이 안 되어있어'라고 말한다. 이 말은 본질적인 면에서 의미가 정확하지 않다. 누구나 동기는 유발되어있으며 단지 그 수준이 다를 뿐이다. 긍정적이고 적극적인 동기는 '고차원 동기'인 반면 생계 문제, 주변 시선 때문에 생겨난

동기는 '저차원 동기'다. 앞서 살펴본 애틀래시언의 직원들과 위키피디아에 참여한 사람들은 고차원 동기로 단단하게 무장됐음이 분명하다.

동기유발의 질적 차이

조직 문화 전문가 닐 도시(Neel Doshi)는 이렇게 이야기한다. "사람들은 이미 동기가 유발되어 있다. 다만 회사와 리더가 바라는 바와 다른 방향으로 동기가 유발되어 있을 뿐이다." 즉 대충 하루만 때우기를 원하는 직장인도 나름의 동기유발이 되어 있다는 것이다. 그의 동기는 '월급을 받아야 한다'라는 생각이다. 반면 매우 열심히 일하고 그 일에 열정을 가진 직장인도 동기유발이 되어 있다. 바로 '나는 일을 통해 성장하고 싶다'라는 동기다.

결국 우리가 따져야 할 것은 '동기유발이 됐는가, 되지 않았는가'가 아니라 '어떤 동기가 유발되어 있는가'라는 점이다. 동기유발의 다양한 스펙트럼을 이해해야 하는 이유가 여기 있다. 예를 들어 해외 근무를 발령받은 구성원이 있다고 하자. 그는 '왜 하필 내가 해외 근무를 해야 하는가'라는 내면의 질문에 다음과 같이 여섯 가지로 답할 수 있다.

- **즐거움:** 해외 근무해보고 싶었어! 얼마나 멋진 경험일까?
- **의미:** 도전하는 건 의미 있잖아! 이거야말로 기회야!
- **성장:** 앞으로 내 경력에 있어서 이번 해외 경험이 큰 도움이 될 거야!
- **정서적 압박:** 안 간다고 하면 회사에 찍힐지도 몰라.
- **경제적 압박:** 해외 근무하면 수당 더 준다는데 가야지….
- **타성:** 회사에서 가라고 하면 그냥 가야지, 뭐….

무엇이 다른가? 동기유발 요소가 다른 것이다. 위의 여섯 가지 요소가 스펙트럼을 이루며 그 사람을 일하게 한다. 여기서 '즐거움, 의미, 성장'은 업무와 직접적 관련이 있는 것으로 성과를 끌어올리는 동기, 즉 고차원 동기다. 이런 동기를 가지게 되면 구성원은 도전 의식을 품게 되고 자신의 비전을 찾게 된다. 반면 그다음 요소인 '정서적 압박, 경제적 압박, 타성'은 업무와의 관련성이 낮고 주로 성과에 악영향을 미치는 저차원 동기다.

물론 이 여섯 가지 요소처럼 칼로 무 베듯 명확하게 나눌 수 없는 동기도 있을 것이다. 일에 대한 동기를 유발하는 데는 즐거움과 의미 외에 경제적 압박도 한 요소로 작용할 수 있다. 또 성장에 대한 열의와 함께 상사가 자신을 지켜보고 있다는 정서적 압박도 영향을 미칠 수 있다. 중요한 것은 '어떤 것이 주요 요인인가' 하는 점이다.

결론적으로 리더가 구성원의 동기를 유발하기 위해서는 우선 그 사람의 동기 상태가 어떤지를 알아야 하며, 그의 내면에 자리한 심리에 대해 어느 정도 파악하고 있어야 한다.

breakthrough

- 동기를 이루는 여섯 가지 요소에 대해 설명할 수 있는가?
- 고차원 동기와 저차원 동기를 나누는 기준은 무엇인지 설명할 수 있는가?

왜 보상을 해도 동기유발이
제대로 안 될까

동기(Motive)라는 말은 라틴어 'movere(to move)'에서 유래됐다. '사람을 움직이거나 행동하게 만드는 힘'을 의미한다. 아리스토텔레스는 "사람을 A에서 B로 움직이게 하기 위해서는 설득이 필요하다"라고 말했다. 결국 설득을 통해 사람의 마음을 움직여야 한다는 것이다.

하지만 리더들은 결코 설득만으로 구성원이 움직이지 않는다는 사실을 깨닫기 시작했다. 그래서 새롭게 등장한 방법이 바로 '보상'이다. 일명 '높은 성과를 내면 그에 맞는 인센티브를 주겠다'라고 제안하는 것이다. 그러면 보상에 대한 강한 욕망으로 구성원들의 저차원 동기가 고차원 동기로 바뀔 수 있다고 생각했다. 안타깝게도 이 방법은 생각만큼 효과가 크지 않다.

지금도 많은 조직에서 인센티브제도에 의한 보상을 동기유발의 주요 수단으로 활용하고 있다. 이런 생각에 문제를 제기하는 중요하고 재미있는 실험이 있다. 일명 '촛불 문제(Candle Problem)' 실험이다.

심리학자 칼 던커(Karl Dunker)는 학생들을 두 그룹으로 나눈 뒤 동일한 문제를 제시했다. 압정 한 박스, 양초 한 개 그리고 성냥 한 통을 주고 초에 불을 붙여 벽에 고정하되, 촛농이 바닥에 떨어지지 않게 하라고 했다. 한 그룹의 학생들에게는 문제를 얼마나 빨리 푸는가에 따라 각자의 문제 해결 능력을 판단하겠다고 했고, 다른 그룹의 학생들에게는 문제를 빨리 푸는 사람에게 상금을 주고 그중 가장 빨리 푸는 사람에게 꽤 많은 돈을 주겠다고 했다. 그런 다음 두 그룹이 문제를 푸는 평균 시간을 측정했다.

과연 어느 그룹이 문제를 빨리 풀었을까? 이렇게 물으면 대다수 사람은 당연히 상금을 내건 그룹이 빨랐을 것이라고 답한다. 간혹 몇몇 사람이 눈치를 보면서 시간 측정만 한 그룹이 빨랐을 것이라고 답하기도 한다. 이 실험은 우리의 상식을 깨뜨리는 실험으로 유명하다. 인간의 동기에 대한 생각을 획기적으로 바꾼 계기가 된 실험이기도 하다. 실험 결과를 보면 상금을 내건 그룹이 그렇지 않은 그룹보다 문제를 푸는 데 평균 3.5분이 더 걸렸다. 왜 이런 일이 생겼을까?

심리학자들은 이 실험의 결과에 주목하기 시작했다. 그리고 사람은 어떤 일이 자신과 직접적인 관계가 있을 때 그 일에 대한 동기가 강하게 작동한다는 사실을 발견했다. 이것이 바로 '내재적 동기(Intrinsic Motive)'다. 즉 마음속에서 그 문제를 풀고자 하는 욕구가 강한 동기로 나타나는 것이다. 상금, 즉 조직에서 가장 많이 사용하는 인센티브를 내건 그룹의 경우 처음에는 문제에 집중하다가 일의 결과에 따라 주어지는 상금이라는 '외재적 조건(Extrinsic Condition)'이 문제와 나 사이 끼어들면서 집중력이 흐트러진 것이다.

이는 또 다른 실험 결과에 의해서도 확인된다. 행동경제학자 댄 애리얼리(Dan Ariely)는 세 그룹의 공장 노동자에게 각기 다른 조건을 제시하면서 생산성을 높이라고 독려했다. 그 조건은 각각 30달러 지급, 피자 한 판, 상사의 격려를 상으로 제시하는 것이었다.

초기에는 30달러를 지급하겠다고 했던 그룹의 생산성이 4.9퍼센트나 향상했지만 5주 후에는 오히려 6.5퍼센트가 감소했다. 피자 한 판을 사주겠다고 했던 그룹은 단기적으로 6.7퍼센트가 상승했지만 시간이 지나면서 감소하기 시작해 한 달 후에는 처음보다 2.1퍼센트가 하락했다. 마지막으로 상사가 격려를 해주었던 그룹은 처음에는 6.6퍼센트가 상승했지만, 이 그룹도 시간이 지나면서 하락해 결국 5주 후에는 0.64퍼센트 수준으로 떨어졌으며 그 상태로 현상을 유지했다. 돈이나 피자라는 물질적 수단보다 격려라는 심리적 수단이 더 효과가 좋았다. 이 실험 결과 역시 내적 동기가 외적 동기보다 더욱 중요하다는 사실을 알려준다.

동기에서 가장 중요한 것 중 하나는 그것이 '촉발되고 지속해야 한다'는 점이다. 즉 '지속성'이 중요하다. 한 번 행동하거나 움직였다고 해서 그것을 동기가 유발됐다고 말할 수는 없다. 장기간 그 사람으로 하여금 행동하고 움직이게 하는 것, 그것이 바로 진정한 동기유발이다. 그런 면에서 상사의 격려를 통한 내적 동기가 작동했을 때 5주간이나 생산성이 유지된 경우가 진정한 동기유발이라고 볼 수 있다. 반면 순간적으로는 생산성이 오르지만 이내 다시 떨어진 경우는 지속성을 가진 동기유발이라고 볼 수 없으며 한순간의 흥미 혹은 잠깐의 관심에 불과하다. 이런 흥미와 관심만으로 조직을 변화시키고 생산성을 높인다는 것은 어불성설이다.

사람은 인센티브만으로는 움직이지 않는다. 설사 움직였다고 해도 그것이 지속하지 않는다. 하지만 안타깝게도 여전히 많은 리더가 인센티브에 대한 미련을 버리지 못하고 있다.

breakthrough

• 내적 동기와 외적 동기의 차이점에 대해 설명할 수 있는가?

• 동기유발에서 가장 중요한 두 요건에 대해 설명할 수 있는가?

당근과 채찍이 먹히지 않는 결정적 이유

인센티브라는 보상이 생각만큼 효과를 발휘하지 못하자 리더들은 '처벌'이라는 또 다른 도구를 투입했다. 응징과 박탈이라는 처벌을 가해 공포심을 자극함으로써 구성원의 변화를 유도했다. 안타깝게도 이 방법은 처음에는 효과가 있는 것처럼 보이지만 결국 실패로 끝난다. 일시적인 동기유발은 가능하지만 그것이 지속되지 않기 때문이다. 이 방법은 그나마 고차원 동기가 있던 구성원마저 저차원 동기의 절벽으로 밀어뜨릴 뿐이다.

조직에서 '당근과 채찍'은 두 가지 방법으로 활용할 수 있다. 하나는 바람직한 행동을 증가시키는 방법이다. 특정 행동을 했을 때 원하거나 좋아하는 보상을 제공하고(당근), 그 행동을 하지 않으면 혼을 내거나 처벌을 한다(채찍). 많은 조직에서 실적이 저조할 때 구성원에 대한 보상이나 처벌을 일시적으로 강화함으로써 성과 향상을 노린다. 그런 경우 대부분 가시적인 효과가 나타나므로 리더는 안도의 한숨을 쉰다.

하지만 이런 일이 조직에 학습되면 구성원은 더이상 도전적인 목표를 설정하지 않는 등 복지부동의 미묘한 분위기가 조성된다. 공격적인 목표를 설정한 사람들은 이런 예고되지 않은 갑작스러운 보상 프로그램의 피해자가 되는 경우가 많다. 결과적으로 보상 프로그램은 구성원의 도전 의식을 저해하는 요소로 전락하게 된다.

마치 우리 몸이 아플 때 진통제를 주입하는 것과 같다. 진통제를 주입하면 통증이 잠시 사라지게 되지만 몸의 근본적인 문제는 해결되지 않은, 대증요법에 불과할 뿐이다. 언제든 통증이 나타날 수 있고 또다시 진통제를 찾게 된다. 당근과 채찍은 이와 같은 메커니즘을 가지면서 조직의 혁신을 저해할 뿐 아니라 구성원의 건강하고 고차원적 동기유발을 가로막는다. 그런데도 리더는 당근과 채찍이라는 저차원의 동기유발 방법을 버리지 못하고 있다. 도대체 그 이유가 무엇일까?

한 조사에서 리더들에게 당근과 채찍에서 벗어나지 못하는 이유를 물었는데 놀라운 결과가 나왔다. 이유는 간단했다. 몰라서 못 했다는 것이다. 리더들은 다른 방법을 몰라서 그 방법을 고수하고 있다.

결국 당근과 채찍은 무지한 상태에서 나오는 '게으른 선택'이다. 리더는 무엇이 구성원을 움직이는지, 그들이 어떤 생각으로 일하는지에 대한 성찰도 부족하고 대안도 제시하지 못하고 가장 손쉬운 방법인 당근과 채찍을 활용할 뿐이다. 리더가 계속해서 이 방법을 고수하는 한 구성원은 '먹고살기 위해 일하는 거지'라는 식의 체념 상태로 일할 뿐이다. 그 모습을 본 신입사원들은 기겁하여 조직에서 탈출하고자 할 것이다.

breakthrough

- 리더로서 당신도 당근과 채찍에 의존하고 있지 않은가?
- 동기유발을 위해 당근과 채찍 외에 다른 어떤 방법을 활용하고 있는가?

즐거움, 의미, 성장 기대가
조직을 송두리째 바꾼다

구성원을 평가하고 점수를 매기는 것이 자신의 주요 업무라고 착각하는 리더들이 있다. 그들은 조직이 부여한 권위와 권한을 이런 식으로 사용해야 조직이 잘 돌아가고 구성원이 열심히 일한다고 생각한다. 이런 생각 역시 기본적으로 당근과 채찍에서 비롯된 것이다. 그러나 리더의 역할에서 한참 빗나간 생각이 아닐 수 없다.

조직 행동과 커뮤니케이션 전문가인 새뮤얼 쿨버트(Samuel Culbert) UCLA 앤더슨경영대학원 교수는 이렇게 말했다. "리더가 할 일은 구성원 평가가 아니라 모든 구성원이 최고의 성과를 내도록 만드는 것이다." 구성원을 육성하고 성장시키는 것이야말로 리더 본연의 업무라는 의미다. 그리 어려운 일은 아니다.

고차원 동기유발 방법만 알면 어떤 리더도 실천할 수 있다.

《하버드비즈니스리뷰》에 소개된 한 연구에 따르면, 고차원 동기가 유발된 사람은 저차원 동기가 유발된 사람에 비해 평균적으로 업무 몰입도가 10배, 업무 만족도는 3배, 세일즈 성과는 37퍼센트 이상 높았으며 창의성도 3배 이상 앞섰다. 이렇게 일하는 사람은 승진도 남보다 빨랐다. 또 다른 연구에서는 고차원 동기가 유발된 사람은 기대 이상의 성과를 달성하고, 조직을 위해 자율적인 노력을 기울이고, 외부인에 대해 자기 조직과 리더를 긍정적으로 평가하고, 조직의 이해 관계자에게 이타적인 행위를 더 많이 하고, 조직에 근속하는 기간이 더 긴 것으로 나타났다.

고차원 동기는 기업을 뿌리부터 바꾸는 놀라운 결과를 가져오기도 한다. 이는 일본 고속철 신칸센 청소 업체 텟세이의 변화에서 알 수 있다. 일반적으로 청소 업체는 신칸센이 정차해 있는 12분 중 7분 동안 청소를 끝마쳐야 한다. 나머지 5분은 승객의 승하차를 위한 시간이다. 과거 텟세이는 그리 유명한 업체도 아니었고 구성원은 그저 생계유지를 위해 일할 뿐이었다. 당연히 청소에 대한 열의도 없었으며 이직률도 높았다. 그런데 아베 데루오(矢部輝夫)라는 경영기획 담당 부사장이 들어오면서 이 회사에 놀랄 만한 변화가 시작됐다.

가장 먼저 회사는 칙칙한 유니폼을 화사한 것으로 바꾸고 구성원을 '청소부'라 부르는 대신 '빗자루 천사'라 불렀다. 그리고 '우리가 파는 것은 청소가 아니다. 우리가 파는 것은 여행의 추억이며 종합 서비스다'라는 새로운 모토를 내걸고 구성원을 교육시켰다. 앞서 살펴본 세 가지 고차원 동기 중 의미를 강조함으로써 일을 대하는 구성원의 마음가짐을 근본적으로 바꿔놓았다. 구성원에게 자신이 하는 일이 매우 중요하며, 이를 통해 신칸센 이용객이 더 소중한 추억을 가질 수 있다는 의미를 부여한 것이다.

이렇게 동기가 저차원에서 고차원으로 변하자 구성원은 일이 즐거워졌고 그 안에서 자신의 성장을 느끼기 시작했다. 그결과 텟세이는 전 세계 언론이 주목하는 일류 기업으로 거듭날수 있었다. 단 한 명의 리더가 어떻게 구성원의 동기를 저차원에서 고차원으로 바꿀 수 있는지 보여주는 사례다. 글로벌 기업의 구성원이 이런 고차원 동기를 갖게 된다면 상상하기 힘들정도로 위대한 결과가 나타날 수 있을 것이다.

breakthrough

- 성과 창출을 위한 리더의 역할에 대해 설명할 수 있는가?
- 텟세이는 어떻게 구성원에게 고차원 동기를 유발했는가?

측정할 수 없다면 관리할 수 없다

피터 드러커는 "측정할 수 없다면 관리할 수 없다(What gets measured, gets managed)"라고 말했다. 조직을 이끄는 리더가 깊이 새겨들어야 할 조언이 아닐 수 없다. 그동안 리더가 동기유발에 어려움을 느낀 이유는 그것이 중요하다는 사실은 알지만 어떻게 관리해야 할지를 몰랐기 때문이다. 관리하기 어려운 이유는 동기를 측정할 마땅한 방법이 없었기 때문이다.

닐 도시는 『무엇이 성과를 이끄는가(Primed to Perform)』라는 책에서 '총동기 지수'라는 개념과 그 측정 방법을 제시함으로써 동기 분야에 한 획을 그었다. 그 책에 의하면, 총동기 지수는 동기 스펙트럼의 여섯 가지 요소 각각이 동기유발에 미치는 영향을 값으로 매긴 것이다. 구성원이 느끼는 세 가지 고차원 동기는 플러스 값으로, 세 가지 저차원 동기는 마이너스 값으로 책정하는 방식이다.

내가 하는 일이 즐거움, 의미, 성장에 대한 기대감을 준다면 총동기 지수가 높아진다. 동기유발 과정에 플러스 요인으로 작용하기 때문이다. 하지만 내가 하는 일이 정서적으로 혹은 경제적으로 압박감을 준다면 총동기 지수는 낮아진다. 동기유발 과정에 마이너스 요인으로 작용하기 때문이다. 여러 실험 결과, 총동기 지수가 높은 사람은 그렇지 않은 사람에 비해 좋은 성과를 보였다.

도시의 실험에 따르면 '즐거움' 동기는 '의미' 동기보다 2배, '성장' 동기보다 3배의 긍정적 영향력을 행사했다. 마찬가지로 '타성'은 경제적 압박감보다 2배, 정서적 압박감보다 3배의 파괴적 영향력을 행사했다. 이런 가중치를 고려해 측정하면 총동기 지수는 -100에서 100까지의 점수로 나타난다. 높은 점수의 총동기 지수는 높은 성과를, 낮은 점수의 총동기 지수는 낮은 성과를 올릴 확률이 높다. 이 방법을 적용하면 리더 자신의 동기는 물론 구성원의 동기 상태도 측정할 수 있다. 측정할 수 있다면 개선점을 찾을 가능성도 커진다.

총동기 지수가 높다는 것은 고차원 동기의 작용이 활발하다는 의미다. 즉 구성원이 자기 일에 즐거움을 느끼고, 의미를 찾고, 그 일을 통해 성장할 수 있다는 믿음을 가졌다고 해석할 수 있다.

이처럼 동기에 관해 연구하다 보니 또 하나의 예상치 못한 결론에 도달할 수 있었다. 그것은 구성원의 동기유발 정도가 고객 만족도에 영향을 미친다는 점이다. 대표적인 예로 미국 사우스웨스트항공과 노드스트롬 백화점을 들 수 있다. 이들은 각각 항공 업계와 유통 업계에서 가장 높은 총동기 지수를 기록했으며, 고객 만족도 또한 동종 업계에서 가장 높게 나타났다. 이는 동기유발 정도가 높은 구성원이 많은 회사가 고객 서비스에 충실하고 고객 만족도 역시 높다는 점을 보여준다. 최근 '고객 만족'을 넘어 '구성원 만족'을 강조하는 회사가 늘고 있는데 구성원 만족이 고객 만족으로 연결되기 때문이다. 이런 사실은 총동기 지수 측정을 통해 확인할 수 있었다.

도시의 연구에서 총동기 지수를 측정한 회사 중 가장 높은 총동기 지수를 나타낸 곳은 잘 알려진 것처럼 사우스웨스트항공이었다. 이 회사는 저가 항공사이지만 항상 최고의 실적과 높은 성장률을 기록한 것으로 유명하다. 직원 복지와 임금 수준 역시 다른 회사에 비해 그리 높지 않은데도 총동기 지수에서 가장 높은 점수를 보였다.

사우스웨스트항공은 회사를 신나는 일터로 만들어 직원의

사기를 높임으로써 일의 능률을 향상시키는 펀(Fun) 경영으로 유명하다. 이 회사의 총동기 지수와 고객 만족도가 높은 것은 고차원 동기 중 '즐거움'을 극대화했기 때문으로 유추할 수 있다. '즐거움'이라는 가치가 조직 문화로 자리하여 그것이 구성원의 고차원 동기를 끌어올림으로써 총동기 지수가 올라가는 것이다. 높은 총동기 지수는 고객 만족으로 연결되어 결과적으로 조직의 성과가 향상되는 선순환을 이룬다. (동기 측정 방법에 대한 보다 심층적인 학습을 원한다면 닐 도시의 『무엇이 성과를 이끄는 가』를 참고하기 바란다.)

breakthrough

- 당신이 지금 하는 일에 대한 총동기 지수는 얼마나 되는가? 무엇이 그 지수를 결정하는가?
- 사우스웨스트항공은 고차원 동기 중 무엇을 자극해 총동기 지수를 높였는가?

열정적인 리더보다
차라리 무관심한 리더가 낫다?

　동기를 이루는 동기 스펙트럼과 총동기 지수를 이해했다면 이를 리더십에 활용해 조직의 성과를 향상하는 매우 강력한 리더십 툴로 활용할 수 있다. 총동기 지수를 개발한 팀은 연구 범위를 리더십으로 확대하여, 조직을 이끄는 데 있어서 저차원 동기와 고차원 동기를 어떻게 활용하는가에 따라 리더를 네 가지 유형으로 나누었다.

　첫 번째 그룹은 '거래형 리더'다. 이들은 고차원 동기는 방치하고 저차원 동기만을 활용하는 리더십을 펼친다. 착한 행동에는 보상하고 나쁜 행동에는 처벌과 위협을 가해야 한다는 믿음을 가지고 있으며, 주로 명령하고 통제하는 성향을 보인다. 자신은 좋은 의도를 가지고 능력주의 리더십을 펼친다고 생각하지만 실제로는 높은 정서적, 경제적 압박감과 타성을 조장한다.

두 번째 그룹은 '무관심한 리더'다. 이들은 고차원 동기도 저차원 동기도 활용하지 않으며 다만 조직에 문제가 발생할 때만 관여한다. 팀이 자유를 원한다고 믿는 성향이다.

세 번째 그룹은 '열정적인 리더'다. 이들은 저차원 동기와 고차원 동기를 가리지 않고 활용하며 팀을 위해 열정적으로 뛰어다닌다. 우리 주위에서 자주 보는 리더들이 이에 속한다. 열정적인 리더들은 구성원을 아끼기도 하지만 때로 협박과 회유도 불사한다. 그런 행동이 모두 조직과 구성원이 잘되기를 바라는 좋은 의도와 열정에서 시작된 것이다. 매우 인간적인 리더들이다.

네 번째 그룹은 '파이어 스타터(Fire-starter) 리더'다. 이들은 글자 그대로 불꽃을 당기는 리더들이다. 저차원 동기는 가급적 피하고 고차원 동기를 통해 열정을 이끌어내는 리더십을 발휘한다.

네 가지 유형의 리더가 이끄는 조직의 총동기 지수를 측정한 결과는 매우 흥미로웠다. 거래형 리더의 경우 총동기 지수가 마이너스 1점을 기록했다. 플러스 요인인 직접 동기보다 마이너스 요인인 간접 동기만을 주로 활용한 결과다. 그런데 두 번째와 세 번째 그룹 리더들의 점수에서 뜻밖의 결과가 나왔다. 무관심한 리더가 이끄는 조직의 총동기 지수는 11점을 기록한 반면 구성원에게 열정을 가지고 바쁘게 움직이는 리더가 이끄는 조직의 점수는 그보다 조금 나은 14점을 기록했다.

이 세 가지 결과를 비교해보면 재미있는 현상을 관찰할 수 있다. 어떤 상황에서도 간접 동기를 활용할 바에는 차라리 방목하는 무관심한 리더가 되는 것이 조직의 성과를 올리는 데 도움이 된다는 사실이다. 물론 열정적인 리더가 무관심한 리더보다 조금 나은 총동기 지수를 기록했지만 리더의 에너지 소모를 생각한다면 차라리 무관심한 리더가 되는 편이 낫다.

이것은 무엇을 뜻하는가? 아무리 고차원 동기를 활용하더라도 저차원 동기를 함께 활용한다면 총동기에 악영향을 미친다는 의미다. 저차원 동기에는 우리가 가장 많이 활용하는 인센티브제도가 포함되어 있다.

리더는 효과적이면서 효율적인 리더십을 발휘해야 한다. 리더의 시간과 에너지는 구성원의 그것과는 비교가 안 될 정도로 높은 비용을 요구한다. 효과적이라 함은 반드시 결과와 연결되어야 한다는 뜻이다. 리더는 결과가 나오는 일을 효율적으로 수행하도록 조직을 이끌어야 한다. 리더가 어떤 리더십을 발휘하느냐는 조직의 성공을 위해 매우 중요한 요소가 된다.

네 번째 리더인 파이어 스타터 리더의 경우 총동기 지수는 38점을 기록했다. 다른 세 그룹의 리더가 이끄는 팀과는 비교가 안 될 정도로 높은 점수를 보인 것이다. 이는 고차원 동기의 중요성을 여실히 보여준다. 효과적이고 효율적인 리더가 되기 위해서는 스스로 고차원 동기 활용의 전문가가 되어야 한다.

왜 많은 리더가 고차원 동기를 제대로 활용하지 못하는 것일까? 모르기 때문이다. 모르기 때문에 관습적으로 저차원 동기에 집중하게 되고, 그런 리더가 이끄는 조직은 총동기가 낮아지고 성과가 떨어지는 악순환의 고리를 끊지 못하는 것이다. 리더가 동기를 제대로 이해해야 하는 이유를 보여주는 연구다.

breakthrough

- 당신은 네 가지 유형의 리더 중 어떤 리더인가?
- 파이어 스타터 리더가 이끄는 조직의 총동기 지수가 가장 높은 이유에 대해 설명할 수 있는가?

행복은 왜 그렇게도 달성하기 어려울까

왜 고차원 동기는 총동기를 올리고 저차원 동기는 총동기를 낮출까? 그 이유는 사람의 심리에 있다. 모든 사람은 행복해지고 싶은 열망이 있다. 행복을 연구하는 학자들에 따르면 육체의 건강을 위한 필수 영양소가 있듯 정신의 건강인 행복감을 위한 필수 영양소도 있다. 우리 몸의 건강을 위한 세 가지 필수 영양소가 지방, 단백질, 탄수화물인 것처럼 행복감을 위한 세 가지 필수 영양소는 자율감, 유대감, 역량감이다.

이 세 가지 욕구는 인간이 느끼는 행복감을 좌우하는 결정적 요소다. 사람은 스스로 자유롭다고 느끼고, 다른 사람과 유대 관계를 맺고, 한 단계 성장할 때 행복해진다. 세 가지 고차원 동기인 '즐거움', '의미', '성장'은 인간의 근원적인 심리에서 비롯

됐으며 각각 자율감, 유대감, 역량감과 관련되어 있다.

사람은 하고 싶은 일을 자신의 결정으로 할 수 있을 때, 반대로 하고 싶지 않은 일을 하지 않을 수 있을 때 자유롭다고 느낀다. 즉 자기 스스로 결정할 수 있을 때 행복하다고 느끼는데, 이것이 바로 '자율감(Autonomy)'이다. 자율감은 남의 지배나 구속을 당하지 않고 자기 의지에 따라 움직이고 싶은 욕구를 말한다. 어린아이가 이유식을 시작할 때 두드러지게 나타나는 현상이 엄마로부터 숟가락을 뺏으려고 하는 행동이다. 대표적인 자율감의 표현이라고 할 수 있다. 아이가 자기 스스로 먹고 싶은 욕구를 나타내는 것이다. 자율감이 억압당하지 않고 충족될 때 사람들은 자유롭다고 느낀다.

'유대감(Relatedness)'은 다른 사람들과 의미 있는 관계를 맺고 싶은 욕구를 말한다. 사람과 사람이 관계를 맺는다는 것은 서로에게 의미를 갖는다는 뜻으로 해석할 수 있다. 따라서 유대를 가지고 있다는 느낌인 유대감은 '의미감(Meaningfulness)'과 같은 의미다.

이처럼 유대감을 느끼고 싶어 하는 이유는 혼자서는 살아갈 수 없다는 사실을 본능적으로 알기 때문이다. 고립되어 있다는 것은 모든 어려움을 혼자서 극복해야 하고 갖가지 위험에 노출되어 있다는 의미이기 때문에, 이 관계의 끈이 끊어졌다고 느낄 때 사람들은 극심한 공포감에 사로잡힌다. 간혹 이런 순간을 피하고 싶은 마음에 극단적 선택을 하는 사람도 있다. 조직도 결국 이런 심리에서 사람들이 뭉치기 시작하면서 형성됐다고 볼 수 있다.

유대감은 자신이 아닌 다른 사람에게 무언가를 해줄 수 있고, 또 그들이 내가 필요할 때 나를 위해 무엇을 해줄 수 있다는 믿음에서 비롯된 심리라 할 수 있다. 어린아이가 자기 몸도 제대로 가누지 못하면서 엄마를 위해 무언가를 해주고 싶어 물심부름하다가 엎지르는 일도 마찬가지다. 이는 엄마를 위해 무언가를 하면 엄마가 자신을 버리지 않을 것이라는, 즉 유대감을 확인하고 지키고 싶은 아이의 심리에서 나온 행동이다.

사람은 끊임없이 배우고 성장하고 더 나아지기를 원한다. 성장하지 못한다고 느낄 때 우리는 불행하다. 심리학자 에이브러햄 매슬로의 욕구단계설에서도 알 수 있듯 사람은 기본적인 생리적 욕구로 시작해 가장 높은 단계인 자아실현 욕구를 채우기 위해 계속 성장하기를 원한다. 어린아이의 성장 단계를 보면 기어다니지 못하는 아이는 계속해서 기어다니려고 애쓴다. 그러다 기어다니기 시작하면 걸으려고 하고, 걷기 시작하면 뛰려고 한다. 이것이 인간의 본성이다.

사람은 성장한다고 느낄 때 살아있다고 느끼며 존재감을

확인할 수 있다. '삶은 성공에 관한 것이 아니라 성장에 관한 것이다'라는 말처럼 사람은 끊임없이 성장하고자 하는 욕구가 있다. 무엇을 할 수 있는 능력을 가지고 있다는 '역량감(Competency)'은 이 성장을 가능하게 해준다.

앞서 설명한 동기 스펙트럼의 고차원 동기인 즐거움, 의미, 성장 동기는 모두 사람의 행복을 결정하는 행복감과 직결된다. 사람은 자유롭게 할 수 있는 일을 할 때 즐거워하고, 다른 사람에게 기여하거나 유대감을 느낄 때 존재감을 확인하게 된다. 그리고 끊임없이 성장하고자 하는 욕구가 있다. 이렇듯 고차원 동기는 사람의 행복을 결정하는 요소로 이루어져 있다.

breakthrough

- 사람이 궁극적으로 추구하는 행복에 대해 설명할 수 있는가?
- 고차원 동기를 이루는 요소와 행복감을 만드는 요소 사이에는 어떤 관계가 있는가?

선택의 자유가 있는 사람은 행복하다

역량과 동기의 조합은 성과를 창출하는 데 필수불가결한 요소가 된다. 역량을 향상하는 데는 시간과 노력이 필요하지만, 동기의 경우 리더가 명확히 이해한다면 의외로 쉽게 효과를 얻을 수 있다. 총동기는 여러 가지 동기 요인의 조합으로 이루어지는데, 그중에서도 특히 고차원 동기에 집중한다면 전체 동기를 획기적으로 끌어올릴 수 있다. 따라서 리더는 고차원 동기를 끌어올리는 기법을 익혀 성과 창출을 위한 원동력으로 활용할 필요가 있다. 이를 위해 고차원 동기를 이루는 각 요소의 본질을 살피고 그것을 향상하려면 어떤 노력이 필요한지 알아보자.

자율감이란 자신에게 선택권이 있다고 인식하고 싶은 욕구이자 자신의 행위가 자기 의지에서 비롯됐다고 느끼고 싶은 욕구라고 할 수 있다. 예를 들면 "윗사람이 시킨 일이니까 해야지, 뭐", "먹고살려면 어쩔 수 없이 회사에 다녀야 하지 않아?"와 같은 경우는 자신에게 선택권이 있다고 인식하지 못하는 상황이다. 반면 "이건 내가 선택한 일이야"라고 확신을 갖게 되면 자율감이 충족되면서 자유를 맛보게 되고, 더 나아가 자기 정체성을 유지할 수 있다.

행동에 대한 선택권을 가지고 있을 때, 선택에 필요한 적절한 정보를 가지고 있을 때, 지나친 간섭이나 통제를 받지 않는다고 느낄 때 자율감이 충족된다. 반면 일방적인 명령이나 지시를 받을 때, 누군가가 계속해서 닦달하거나 잔소리를 할 때, 결정권이나 선택권을 침해당할 때 자율감이 억압된다.

따라서 구성원의 자율감을 충족시켜주기 위해서는 행동에 대한 선택권을 부여하는 것이 가장 중요하다. 다만 회사는 조직이라는 점에서 규율과 규범, 일의 법칙이 있으므로 전체적인 경계선을 정해주고 나머지는 각자에게 최대한의 선택권을 부여하는 것이 좋다. 더불어 구성원이 스스로 의사 결정을 하는 데 필요한 정보를 충분히 제공해준다. 정보가 제한되면 자율적인 판단을 내릴 수 없다고 인식하게 되고, 이는 답답함을 유발해 행복한 상태에 이르지 못하게 된다.

개인 차원에서 자율감을 충족시키는 생각의 전환법도 있다.

"이 일은 내가 스스로 선택한 거야", "나는 내 삶의 주인공이야"라고 스스로 생각하는 것이다. 여기에 대해서는 반론이 있을 수 있다. "상사가 늘 나의 선택권을 뺏고 닦달하는데 내 생각을 바꾼다고 상황이 달라지겠어?"라고 말하는 사람도 있다. 하지만 이보다 더한 상황에서도 마음가짐을 바꿔 삶을 의미 있게 만든 사례가 있다. 독일의 아우슈비츠 강제수용소에서 살아남은 유대인 정신과 의사 빅터 프랭클이 그 주인공이다. 그는 『죽음의 수용소에서(Man's Search For Meaning)』라는 책에 이렇게 적고 있다.

"함께 수용소 생활을 하던 이들 중 삶의 의미를 포기한 사람은 며칠을 버티지 못하고 죽음에 이르렀고, 사랑하는 사람을 만날 날을 떠올리거나 분명한 미래 계획을 세운 사람은 삶의 끈을 놓지 않고 인내심을 발휘해 고통을 견뎌내며 그 지옥 같은 수용소에서 살아갈 힘을 얻었다."

회사가 감옥보다 더 고통스러울 리 없다. 제아무리 리더가 선택권을 빼앗는다고 해도 결국 나를 바꾸는 것은 내 생각이다. 리더 입장에서도 구성원의 자율감을 해치지 않도록 지혜롭게 질문할 필요가 있다. "김 과장, 고객 만족도를 높이기 위해 친절 교육을 하게"라고 지시할 경우 김 과장 입장에서 이 일은 '자신이 선택하지 않은 일'이 된다. 하지만 상사가 "김 과장, 고객 만족도를 높이기 위해 어떻게 해야 할까?"라고 물어보면 김 과장은 "그럼 친절 교육을 해야 하지 않을까요?"라는 식으로 답할 것이다. 이렇게 스스로 답을 하는 순간 김 과장은 이 일을 자기 일로 여기게 된다. 사소한 질문 하나만 바꿔도 구성원에게 자율감을 심어줄 수 있다.

breakthrough
- 자율감이 즐거움을 높이는 이유에 대해 설명할 수 있는가?
- 자율감을 훼손하지 않기 위해 리더가 관심을 가져야 하는 것은 무엇인가?

나도 이 회사에 크게 이바지하고 있다

유대감은 사람의 마음을 긍정적으로 움직여 행동을 유발한다. 사람은 저마다의 경험과 환경 등에 따라 일을 대하는 마음가짐이 다를 수밖에 없다. 중요한 것은 내면의 강한 동기를 뽑아내게 하는 일이다. 그런 면에서 총동기를 끌어올리는 고차원 동기와 관련된 자율감, 유대감, 역량감을 이해하는 것은 조직을 이끄는 리더나 조직의 일원으로 일하는 구성원 모두에게 매우 중요하다.

유대감은 '자신이 타인에게 의미 있는 존재임을 확인받고 싶은 욕구', '자신보다 더 크고 중요한 무엇인가에 기여한다고 느끼고 싶어 하는 욕구'라고 할 수 있다. 개인적 수준, 대인관계 수준 그리고 사회적 수준에서 모두 동일하게 유대감이 충족되면 자신이 의미 있는 존재로서 외부 세계와 '연결'되어 있음을 느끼게 된다. 다른 사람과 개인적으로 친밀감을 느낄 때, 다른 사람이 내 생각과 감정에 관심을 기울이고 인정해줄 때, 내가 하는 일이 타인이나 공동체에 기여함을 알 때 우리는 유대감을 가지게 된다.

구성원에게 조직이 추구하는 목표와 그들이 하는 일의 관계를 명확히 알려주고 목적의식을 갖게 하는 것이 중요하다. 이 과정이 선행되어야 구성원은 스스로 자신이 매우 중요하고 의미 있는 일의 한 부분을 담당하고 있음을 인식할 수 있다. 리더가 구성원에게 "김 과장, 하찮은 일 같지만, 이거 안 하면 우리 회사에 문제 생겨. 다른 어떤 일과 비교해도 매우 중요한 일이야"라며 한마디 덧붙여주는 것이 구성원의 유대감을 충족시켜줄 수 있다. 이는 매우 형식적인 말에 불과할 수 있지만 그 안에 구성원의 유대감을 불러일으킬 진정성이 담겨 있는 것이다.

실제로 유대감을 통해 조직의 역량을 크게 끌어올린 회사가 있다. 1조 5000억 원에 아마존에 인수된 미국 온라인 쇼핑몰 자포스에는 '졸라스(Zollas)'라는 가상화폐를 구성원에게 나눠주는 제도가 있다. 구성원 1인당 매년 600달러씩 지불되는 이 가상화폐로 티셔츠와 선글라스, 영화 티켓을 구매할 수 있으며 자선단체에 기부하면 더 큰 경품에 응모할 수도 있다.

문제는 이 졸라스는 자신을 제외하고 동료들에게만 지급할 수 있다는 것이다. 핵심 가치를 잘 실천한 동료에게만 나눠줄 수 있다. 이렇게 서로가 서로에게 졸라스를 주면서 자포스 사람들은 '나도 이 회사에 크게 이바지하고 있다'라고 생각하게 된다.

breakthrough
• 유대감을 억압하지 않기 위해 리더가 주의해야 할 점은 무엇인가?

당신의 능력은 계속 향상되고 있다

　역량감은 매일 닥치는 도전과 기회에 효과적으로 대응하고자 하는 욕구이자 시간의 흐름에 따라 점차 향상되는 기술을 보여주고 싶고, 자신이 배우고 성장하고 더 나아지고 있다고 느끼고 싶은 욕구를 말한다. 역량감이 충족되면 자신에게 힘이 있고 또한 스스로 끊임없이 성장하고 있음을 느끼게 된다.

　자신이 할 수 있는 것보다 약간 어려운 과제가 주어질 때, 업무 수행에 필요한 적절한 교육 훈련을 받을 때, 업무 수행 결과에 대한 정보를 얻고 긍정적인 피드백을 받을 때 역량감이 충족된다. 반대로 자기 주변에서 일어나는 사건을 통제할 능력이 없다고 느낄 때, 자신의 역량을 향상할 수 있는 학습 기회가 주어지지 않을 때, 업무 수행 결과에 대한 정보를 얻을 수 없거나 지속적인 비판을 받을 때 역량감이 떨어진다. 이렇게 되면 구성원은 스스로 패배감에 사로잡히게 되고 자신감을 잃게 된다. 주로 구성원이 자신을 회사의 부속품으로 여길 때 이런 현상이 나타난다. 이런 상태가 장기화하면 주체성이 사라지고, 그저 하루하루 '버티는' 생활이 계속된다.

역량감을 충족시켜주기 위해 리더는 구성원에게 '성과 목표' 보다 '성장 목표'를 강조할 필요가 있다. 구성원에게 "오늘은 어떤 새로운 것을 배웠는가"라는 질문을 자주 던짐으로써 성장 목표를 꾸준히 환기해주어야 한다. 미국의 이삿짐 운송 업체인 젠틀자이언트(Gentle Giant)는 구성원의 역량감을 키워줌으로써 기업을 발전시켜나갔다. 이 회사는 현장에서 50여 가지 기술 훈련을 하는데, 한 가지 기술을 습득할 때마다 '마스터(Master)' 라는 도장을 찍어준다. '당신의 능력은 계속 향상되고 있다'라는 메시지를 줌으로써 구성원이 스스로 성장했음을 느끼고 역량감을 맛보게 한다.

breakthrough
• 역량감을 억압하지 않기 위해 리더가 주의해야 할 점은 무엇인가?

자율감, 유대감, 역량감은 어떻게 작동하는가

　조직에서 구성원이 일에 미치게 만드는 방법은 간단하다. 고차원 동기를 충족해주면 되는데, 이는 자율감, 유대감, 역량감이 향상될 때 가능하다.

　앞서 설명한 자율감, 유대감, 역량감은 유기적으로 연결되어 있다. 하나가 억압되면 전체가 흐트러지는 구조다. 하지만 이 구조를 깨는 일이 조직에서 수없이 일어나고 있다. 리더는 구성원이 작성한 보고서에서 그의 의견은 무시하고 자기 의견만 반영하여 수정하거나, 모든 일에 간섭함으로써 구성원의 자율감을 억압하는 것이다. 또 구성원의 감정은 전혀 배려하지 않고 자기중심적으로 생각하고 행동함으로써 유대감을 억압한다. 더 나아가 과도하게 업무에 참견하여 구성원이 스스로 무능을 탓하게 하고 자신의 능력이 의심받는다고 생각하게 만들어 역량감을 억압하기도 한다.

　고차원 동기의 유발은 결국 리더의 몫이다. '저 사람은 왜 저렇게 일을 못 할까'가 아니라 '내가 왜 저 사람이 일을 못 하게 만들었을까'를 되물어야 한다. 지시하는 리더보다는 질문하는 리더가 되어야 한다. 모든 행복감은 강압적인 지시로 인해 사라져버리고 만다.

3장.
경주마의 힘을 더욱 증폭시켜라

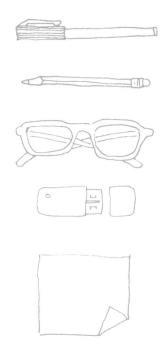

intro

동기가 유발됐다는 것은 달려갈 준비를 마쳤다는 뜻이다. 힘찬 콧소리를 내며 출발 신호만 기다리는 경주마의 모습을 상상하면 된다. 구성원의 마음속에는 도전의식이 솟아나고, '내가 반드시 해낼 것이다'라는 의욕으로 가득 차 있다. 아주 좋은 상태이긴 하지만 이것만으로는 조직의 목표를 달성할 수 없다. 리더는 이 저돌적인 경주마가 어느 방향으로 달려가야 하는지, 그 과정에서 어떻게 하면 계속해서 힘을 낼 수 있는지 알아야 한다. 즉 성과에 대한 정확한 정의와 지식 그리고 구성원의 역량에 관한 자신만의 확고한 철학이 있어야 한다.

역량과 성과에 대한 부분이 좀 더 확실해지면 리더는 저돌적인 경주마의 힘을 더욱 증폭시킬 수 있을 것이다. 특히 성과와 역량은 앞에서 살펴본 동기유발과 밀접한 연관을 맺고 있다. '동기유발—성과에 대한 정의—역량 향상법'이라는 삼각형의 완성은 새롭게 출발하려는 리더에게 매우 중요한 지식이자 무기가 된다.

지금 우리에게 필요한 조직의 수호자란

2005년 8월의 어느 날, 미국 뉴올리언스 시내에 있는 메모리얼병원에서는 무서운 일이 자행됐다. 허리케인이 강타한 이곳은 전기가 끊기고 각종 물품 공급이 중단됐다. 다른 곳도 아닌 환자들이 밀집한 병원에서 이런 일이 발생하자 사람들은 극심한 불안감에 시달릴 수밖에 없었다. 결국 의료진은 생존 가능성이 희박한 환자들부터 먼저 안락사를 시키기로 결정했다. 그렇게 해서 사망에 이른 환자들이 무려 45명이나 됐다. 말이 좋아 안락사이지 이는 사실상 '살인'이라고 볼 수 있었다.

실제로 당시 재난 상황이 해제된 후 의료진은 전원 살인죄로 기소됐다. 그런데 그것은 정말로 살인이었을까? 더 많은 환자의 생명을 구하기 위한 특단의 대책은 아니었을까? 결과적으로 법원은 당시의 특수한 상황을 참작해 살인죄 공소를 모두 기각했다. 그것은 '살인'이 아니라 '특단의 대책'이었음을 인정한 것이다.

더 복잡해진 시대의 성과 정의법

자본주의 사회에서 이루어지는 모든 기업의 활동은 결국 '성과'로 수렴된다. 구성원의 학력이 무엇이든, 일하는 방식이 어떻든 간에 성과 측면에서 그것이 긍정적이고 지속 가능하다면 구성원의 활동에 대해서는 이견이 존재할 수 없다. 문제는 성과를 어떻게 정의하는가에 따라 리더의 역할과 책무가 달라진다는 점이다.

앞서 1장에서 한 보험회사 콜센터에서 벌어지는 일에 관해 설명한 바 있다. 한 상담원은 하루 100통의 전화 응대라는 계획된 목표를 달성해 성과를 냈다. 반면 다른 상담원은 매우 중요한 고객을 정성스레 응대하느라 많은 시간을 빼앗겼고, 그 결과 하루 100통의 전화 응대라는 목표를 채우지 못했다. 얼핏 보면 그는 성과를 달성하지 못해 회사에 손해를 끼친 사람이다. 성과에 대한 이런 관점은 메모리얼병원 의료진의 행위에 대한 평가와 동일 선상에 있다. 그들은 살인자였을까? 아니면 더 많은 환자의 생명을 구한 지혜로운 사람들이었을까?

널 도시는 『무엇이 성과를 이끄는가』에서 두 가지 종류의 성과를 설명한다. 하나는 '전술적 성과(Tactical Performance)'이고 다른 하나는 '적응적 성과(Adaptive Performance)'다. 전술적 성과는 조직이 계획한 전략 혹은 전술을 통한 성과를 말한다. 예상된 상황에 대응하는 힘으로서 실행력과 관련된다. 반면 적응적 성과는 계획에서 벗어나 유연하게 실행해 얻은 성과를 말한다. 예상치 못한 상황에 대응하는 힘으로서 적응력과 관련된다.

보험 상담원의 예에서 김전술은 정해진 목표를 달성하는 전술적 성과를 올렸다. 반면 이적응은 전술적 성과는 달성하지 못했지만 적응적 성과를 달성함으로써 회사에 적지 않게 기여했다. 메모리얼병원 의료진의 행위 역시 적응적 성과의 관점으로 이해할 수 있다. 그들은 자신들이 도저히 통제할 수 없는 상황에 직면했고, '어떻게 하면 더 많은 환자를 살릴 것인가'라는 절체절명의 과제를 해결하기 위해 창의성과 능동적인 문제 해결 능력을 발휘한 것이라고 볼 수 있다. 미국 법원이 최종적으로 살인죄 기소를 기각한 것도 이런 관점에 따른 것이다.

그렇다고 적응적 성과만 중요하다는 이야기는 아니다. 꾸준한 성장을 통해 안정적인 매출을 꾀하는 기업으로서는 목표에 집중하는 힘, 즉 실행력을 바탕으로 계획대로 진행해야 할 일이 있기 때문이다. 하지만 감당할 수 없는 변화의 시대를 맞아 적응적 성과에 대한 준비가 없다면 이는 침몰을 앞당기는 일이나 다름없다. 이런 이유로 리더는 끊임없이 주어진 계획, 목표, 현실에서 벗어나려고 노력할 필요가 있다. 하버드대학 캐네디 스쿨 마티아스 리스(Mathias Risse) 교수는 이를 두고 '박스를 벗어나는 것(Out of the Box)'이라고 표현한다. 원점에서 다시 시작하고 시야를 더욱 넓히라는 조언이다.

구성원의 역량을 저하하는 코브라 효과

성과에 대한 리더의 생각은 종국에는 구성원의 역량에도 영향을 미치게 된다. 조직 문화 전문 컨설팅 회사인 베가팩터(Vega Factor)의 공동 창업자인 린지 맥그리거(Lindsay McGregor)는 전술적 성과를 강조했을 때 구성원의 역량이 어떻게 저하되는지 다양한 관점에서 설명한다. 먼저 전술적 성과의 핵심이라고 할 수 있는 목표와 계획에 집중한 채 구성원에게 복종과 성실, 전문성을 요구한다고 해보자. 이는 역설적으로 구성원이 일의 본질을 외면하는 결과를 낳는다.

앞서 소개한 보험회사의 한 직원을 예로 든다면, 그는 회사가 설정한 하루 100통의 전화 응대라는 목표에 집중해 기계적으로 업무를 처리하게 된다. 그에게는 '전화 100통'이 중요하지 고객의 사정, 회사의 수익 등은 자신과 무관한 일이다. 이에 따라 정성스럽게 고객의 사정을 살피지 않게 되고, 고객과의 대화에서 회사 성장에 소중한 모멘텀이 발견되어도 무시할 뿐이다. 그는 전술적 성과는 달성해도 일의 본질은 외면하게 된다. 더 나아가 일의 본말이 전도되는 결과를 낳을 수 있다.

1800년대 영국이 인도를 통치할 당시였다. 인도 델리에 유난히 코브라가 자주 출몰하는 문제를 해결하기 위해 영국 식민정부는 코브라를 죽여서 가지고 오는 사람에게 일정한 금액을 지급한다는 정책을 펼쳤다. 그 결과 하루에도 수십 마리의 코브라가 잡히기 시작했다. 하지만 몇몇 인도인은 이것이 돈이 된다는 사실을 알아채고 그때부터 코브라를 집의 은밀한 공간에서 사육하기 시작했다. 그러고는 돈이 필요하면 키우던 코브라를 죽여서 보상받았다.

이 사실을 알아챈 영국 식민정부는 그 정책을 중단했고 결국 코브라를 키우던 사람들은 집에 있던 코브라를 모두 방사해버렸다. 그러자 이전보다 더 많은 코브라가 출몰했다. 애초에 기대했던 것과는 전혀 다른 결과가 나타난 것이다. 이를 '코브라 효과(Cobra Effect)'라고 부른다.

인도 델리의 상황이 매우 우스꽝스러워 보이겠지만, 사실 우리 조직에서도 이런 일이 자주 일어나고 있다. 단기적으로 눈에 보이는 전술적 성과를 채우기 위해 일을 다 했음에도 결과 보고를 늦추거나, 실적이 충분해 보이니 더이상의 성과를 내지 않으려 하거나, 사내 경쟁에서 이기기 위해 타인의 성과 달성을 방해하는 것도 모두 코브라 효과의 일종이다. 타인의 성과를 내 것으로 포장하는 흔한 직장의 부조리도 마찬가지다. 일에 집중하라며 CEO가 목표와 성과 기준을 제시하지만, 구성원은 그것을 둘러싼 틈새에서 몰래 성과 달성을 방해한다.

결정적으로 이런 현상은 구성원들이 자신의 역량을 개발할 이유 자체를 없애버리는 결과를 낳는다. 그들에게 창의성, 열정, 주체성은 현실에서 작동될 필요가 없는, 혹은 작동되면 자신만 피곤해지는 거추장스러운 것들에 불과하다. 구성원들을 이런 상태로 내버려둔다는 것은 그들의 역량을 리더가 스스로 저하하는 행위나 다름없다. 한마디로 전술적 성과에만 집중하는 리더는 구성원의 역량을 제대로 키울 수 없다. 이런 리더는 일과 조직을 완전히 장악하지 못함으로써 자신의 성과까지 떨어뜨리는 우를 범하기 마련이다. 과거 수많은 리더가 답습했던 결과다.

미국의 문화인류학자 마거릿 미드(Margaret Mead)는 평범한 듯 평범해 보이지 않는 이런 말을 남겼다. "다른 모든 사람과 마찬가지로 당신이 특별한 사람이란 것을 항상 기억하라." 이 말은 이제까지 많은 리더가 답습했던 '평범함'에서 벗어나 '특별함'에 도전함으로써 새로운 리더로 거듭나라는 의미로 해석할 수 있다. 전술적 성과뿐 아니라 적응적 성과 또한 제시함으로 구성원의 역량을 끌어올리는 특별한 리더야말로 지금 우리에게 필요한 조직의 수호자일 것이다.

breakthrough

- 전술적 성과와 적응적 성과를 구분하고 설명할 수 있는가?
- 조직이 전술적 성과와 적응적 성과를 모두 달성하기 위해 리더는 어떻게 해야 하는가?

트레이너가 될 것인가, 코치가 될 것인가

구성원이 주도적으로 판단하고 실행해야 하는 적응적 성과에 몰입하기 위해서는 리더가 어떤 리더십을 발휘하는가는 매우 중요하다. 구성원은 리더의 신호에 따라 태도와 생각을 바꾸기 때문이다. 그런 면에서 리더는 자신이 '트레이너형 리더'인지, '코치형 리더'인지 파악해야 한다.

예를 들어 매뉴얼을 만들고 규정을 정확히 지켜 성과를 올리게 만드는 리더는 트레이너형이고, 원칙과 기본을 유지하되 변화하는 상황에 따라 유동적으로 대응하여 성과를 올리게 하는 리더는 코치형이다. 두 유형 모두 장점을 갖고 있지만, 조직의 성향과 상황 변화에 맞게 리더십을 발휘하는 유연한 리더가 필요한 시점이다. 시대 변화에 따라 사람들의 생각과 문화가 달라지기 때문에 그에 맞춰 리더십의 유형도 바뀌어야 한다.

먼저 리더의 유형을 정의하는 이름에 주목해야 한다. '트레이너'라는 말은 기차(train)에서 유래됐다. 기차의 가장 중요한 특성은 철로를 달린다는 것이다. 특별히 설치된 철로 위로 많은 짐과 승객을 열심히 빠르게 나르면 된다. 하지만 철로를 벗어나서는 절대 안 되고 또 벗어날 수도 없다는 한계가 있다.

트레이너형 리더는 철저하게 준비된 매뉴얼을 중심으로 훈련하여 최선의 성과를 내도록 유도한다. 앞서 설명한 전술적 성과를 지향하는 리더이며, 변칙과 순발력은 원칙을 어기는 행위로써 체계와 규칙을 무너뜨린다고 생각한다. 유연한 사고를 보유한 구성원은 이런 리더 밑에서 일하면 답답함을 느낄 수 있다.

반면 '코치'의 어원은 마차(coach)에서 유래했다. 미 서부시대 마차를 연상하면 쉽게 이해할 수 있다. 마부는 마차에 손님이나 물건을 싣고 목적지를 향해 길을 떠난다. 빠르고 안전하게 목적지에 도달해야 하지만 가는 길에 어떤 위험과 어려움을 겪을지 모른다. 갑자기 인디언이 튀어나와 약탈당할 수도 있고, 웅덩이가 깊이 파여 있어서 돌아가야 할 때도 있다. 기차보다 훨씬 느리지만 급변하는 상황에 대한 적응력이 커진다는 장점이 있다.

코치형 리더는 명확한 목표를 갖고 있지만 거기에 이르는 여정에서 상황에 따라 유동적으로 대처하여 성과를 내도록 유도한다. 적응적 성과를 지향하는 리더이며, 구성원의 자율적 선택을 중시하고, 현재 상황을 창의적이고 기발한 방법으로 돌파해나가는 여정을 즐긴다.

얼핏 보면 트레이너형 리더가 집중하는 전술적 성과와 코치형 리더가 중시하는 적응적 성과 모두 중요하게 생각된다. 적응적 성과처럼 위기의 순간 순발력 있는 대응도 중요하지만, 평소 꾸준하고 몰입력 있게 목표를 달성하는 것도 중요하기 때문이다. 문제는 시대 변화가 성과의 중요성에 대해 새로운 정의를 내리고 있다는 점이다. 특히 지금은 '뷰카(VUCA) 시대'라는 점에서 적응적 성과의 중요성이 더욱 강조될 수밖에 없다.

- Volatility(변동성): 변화의 속도가 매우 빠르고 다양한 양상으로 전개된다.
- Uncertainty(불확실성): 미래 상황에 대한 변수가 많아서 모든 것이 예측하기 어렵다.
- Complexity(복잡성): 인과관계가 단순하지 않고 다양한 요인이 작용한다.
- Ambiguity(모호성): 현상이 뚜렷하지 않고 판단하기가 쉽

지 않다.

네 가지 단어의 머리글자를 조합한 뷰카는 원래 전쟁터의 상황을 표현하는 군대 용어였다. 1990년대를 전후해 공산권이 무너지면서 미국 군사전문가들은 당시 상황을 '뷰카'로 정의하며 새로운 시대에 진입했음을 알렸다. 4차 산업혁명으로 인한 기술의 진화는 오늘날의 우리를 새로운 뷰카 시대로 몰아넣고 있다. 변동성이 크고 불확실하고 복잡하고 모호한 지금의 시대에는 트레이너형 리더가 필요할까, 코치형 리더가 필요할까? 우리의 현실은 상황을 예측하기 어려운 '뷰카' 상황으로 변하고 있다. 현재 상황을 '뷰카'라고 정의한다면 조직에는 트레이너형 리더보다는 코치형 리더가 필요한 상황이 자주 전개될 수밖에 없을 것이다.

breakthrough
- 당신은 트레이너형 리더인가, 코치형 리더인가?
- 코치형 리더가 되기 위해서는 무엇을 개선해야 하는가?

당신은 슈퍼보스인가

뷰카 시대에 필요한 코치형 리더가 되기 위한 구체적인 방법은 '슈퍼보스(Superboss)'라는 개념에서 도출할 수 있다. 이 말은 다트머스대학 터크경영대학원 시드니 핑켈스타인(Sydney Finkelstein) 교수가 고안한 것이다. 핑켈스타인은 이른바 '스타 CEO를 만들어내는 위대한 CEO'의 비밀을 알아내기 위해 수천 개의 기사와 책을 검토했고 200여 차례 이상 인터뷰를 했다. 그 결과 그는 특정한 리더 아래서 훈련받고 일한 구성원은 나중에 그에 못지않은 위대한 리더가 된다는 사실을 발견했다. 그리고 거기에는 몇 가지 특별한 원칙이 있음을 알아냈다.

핑켈스타인은 자신의 이런 생각을 여러 매체를 통해 대중에게 알렸는데, 특히 2016년《하버드비즈니스리뷰》에 기고한「슈퍼보스들의 비밀(Secrets of the Superbosses)」이라는 글을 주목할 필요가 있다. 이 글은 코치형 리더가 되려는 사람들이 어떻게 행동해야 하는지 잘 알려준다.

슈퍼보스는 마치 새끼 호랑이를 키워내는 어미 호랑이처럼 구성원을 키워낸다. 이런 슈퍼보스와 함께 일하는 사람들은 성장을 거듭하면서 각 분야에서 최고의 리더가 된다. 실제 각 분야에서 잘나가는 최고경영자 50여 명 중 15명이 동일한 리더 밑에서 일했던 것으로 조사됐다. 대표적인 슈퍼보스로는 인텔 공동 창업자 로버트 노이스, 오라클 창업자 래리 엘리슨, 영화 제작자 조지 루커스, 폴로 브랜드 창시자 랠프 로런 등을 들 수 있다. 핑켈스타인은 슈퍼보스에 대해 이렇게 말한다.

"슈퍼보스들은 주변에 뛰어난 사람들을 배치하고 키우면서 자신과 조직의 성공 가능성을 높인다. 어느 조직이든 슈퍼보스처럼 인재를 관리하고 키우면 개인뿐 아니라 조직 전체가 성공할 확률이 높아진다."

어떻게 보면 '아랫사람을 움직여 일하는 사람들'이라고 하는 리더들에게는 이런 슈퍼보스의 모습이 이상향처럼 여겨진다. 자신도 성공하고 구성원도 성장시키면서 회사까지 성공 가도를 달리게 하기 때문이다.

그렇다면 슈퍼보스는 회사에서 어떤 모습으로 일할까? 다트

머스대학 터크경영대학원 홈페이지의 '당신은 슈퍼보스입니까'라는 퀴즈를 풀다 보면 슈퍼보스의 기준을 알 수 있다.

- 당신은 정기적으로 구성원이 도전할 수 있도록 기회를 주는가?
- 당신과 구성원이 불만을 품거나 일에 관심을 두지 않은 상태에서 장시간 일하는 것을 매우 비상식적이라 생각하는가?
- 구성원에게 특별히 당신의 비전, 목표 그리고 기대를 전달하는가?
- 정기적으로 구성원들에게 그들이 사업상 중요한 특정 문제에 대해 어떻게 생각하는지 의견을 공유할 것을 요청하는가?
- 종종 혁신이나 혁신적 사고에 대한 개인적인 이야기를 구성원과 공유하는가?
- 정기적으로 구성원의 개인적 성향에 따라 코칭하는 방식에 변화를 주는가?
- 구성원이 목표를 달성하기 위해 협력하는 동시에 서로 경쟁할 수 있도록 업무를 편성하는가?
- 이제 더이상 당신과 일하지 않는 과거의 구성원과도 계속 연락을 취하는가?
- 당신을 위해 일했던 한 명 이상의 사람이 조직 안이나 혹은 조직 밖에서 더 큰 일을 해내는가?

여러 가지 기준이 있지만, 핵심은 '지속적인 생각의 공유와 피드백 그리고 구성원 각자에게 맞는 코칭'으로 요약할 수 있다. 이 두 가지 원칙은 슈퍼보스가 자신과 동일한 DNA를 가진 구성원을 키워내는 데 필요한 본질적인 요건이라고 할 수 있다.

사실 이 두 가지 원칙은 매우 과학적인 원리에 기반한다. 꼭 슈퍼보스나 호랑이 교육을 논하지 않더라도 누군가를 키워내기 위해서는 리더와 구성원이 서로 생각을 동일하게 만들고 상대의 생각에 적절한 의견을 제시하고 바로잡도록 해야 한다. 그리고 이 모든 과정이 구성원의 특성에 적합할 때 코치형 리더가 되는 길이 열린다.

breakthrough

• '리더란 무엇을 하는 사람인가'라는 질문에 대한 당신의 답은 무엇인가?
• 슈퍼보스가 되기 위해 리더로서 개발해야 할 역량은 무엇인가?

경영은 사람을 이해해야 하는
감성의 영역이다

슈퍼보스, 즉 코치형 리더가 되기 위해서는 구성원의 수준에 맞는 리더십을 발휘해야 한다. 리더가 열정만 가지고 모든 구성원을 획일적인 방법으로 이끈다면 그 노력이 효과를 거두기 어렵다. 반대로 리더가 관찰을 통해 구성원의 역량과 동기의 수준을 파악한다면 보다 효율적으로 조직을 이끌어갈 수 있다.

구성원은 어느 정도의 역량과 동기를 가졌는지에 따라 네 가지 부류로 나눌 수 있다.

- **스타형:** 역량도 높고 동기도 높은 구성원. 스스로 알아서 잘한다.
- **까칠형:** 역량은 높지만, 동기가 낮은 구성원. 하면 잘하지만 웬만해서는 최선을 다하지 않는다.

- **측은형:** 역량이 낮지만, 동기가 높은 구성원. 열심히 하지만 성과가 나지 않는다.
- **혼수상태형:** 역량도 낮고 동기도 낮은 구성원. 한마디로 블랙홀. 하지만 어느 조직에나 존재한다.

이렇게 구분해두면 리더 입장에서는 구성원 유형에 맞게 적절한 리더십 전략을 선택할 수 있다. 다시 한번 강조하지만, 리더는 문제를 정의하고 설명할 수 있어야 한다. 구성원에 대해 불만을 갖고 고민만 할 것이 아니라 간단하더라도 역량과 동기를 파악할 수 있는 기준을 만들어 구분해두면 이전에는 생각지도 못했던 리더십 적용이 가능해진다. '그 기준을 어떻게 세울 것인가'에 대해서는 다음 장에서 설명하기로 하고, 여기서는 구성원 성향별로 대응 방법을 살펴보기로 한다.

가장 먼저 스타형 구성원은 임파워먼트 리더십을 적용해야 한다. 말 그대로 믿고 맡겨야 한다. 이런 구성원은 의욕이 넘치고 일에 대한 주인의식이 강하며, 일의 의미와 자신에게 미치는 영향을 정확히 알고 있다. 따라서 이들에게는 '왜'의 의미를 설명하고 일하는 데 방해되는 요소를 제거해주어야 한다. 또한 이들이 마음껏 활동할 수 있도록 지원을 아끼지 않으며, 적당한 때 피드백을 제공하여 일의 흐름이 끊기지 않도록 해야 한다.

다음으로 까칠형 구성원은 자율적 리더십을 적용해야 한다. 이런 구성원은 가능하면 지시를 줄이고 스스로 결정할 수 있는 여건을 조성해주어야 한다. 비록 간단한 일이라도 자기 결정하에 주도적으로 진행할 수 있도록 의사 결정권을 넘겨주는 전략이 필요하다. 또한 주기적으로 일대일 면담을 하고, 개인적인 일과 성과에 관한 생각을 파악하고, 실질적인 피드백도 제공해야 한다. 이런 구성원이야말로 조직에 정말 소중한 자원이므로 지원을 아끼지 않아야 한다.

측은형 구성원은 자기계발 기회를 제공해주어야 한다. 이런 구성원은 조직의 미래 주역이 될 인물이다. 비록 지금은 역량이 떨어져 제대로 성과를 내지 못하지만, 열정이 빛을 발할 수 있도록 역량이 뒷받침된다면 스타형 구성원으로 발전할 가능성이 크다. 이들에게는 가능하면 세심하게 업무 지시를 해야 하며, 스스로 자신의 역량을 평가하고 부족한 부분을 개발할 수 있도록 지원해주어야 한다. 이들에게도 주기적인 일대일 면담을 통해 건설적인 피드백과 개선을 위한 피드백을 지속적으로 제공해야 한다.

마지막으로 혼수상태형 구성원은 구체적인 지시와 밀착형 감독이 필요하다. 파레토 법칙에 따라 어느 조직에나 이런 그룹이 존재한다. 아무리 저성과자를 가려내도 조직에는 항상 혼수상태형 구성원이 생기게 마련이므로 이들을 버리고 갈 수는 없다. 이들 중에서 다른 단계로 발전하는 구성원을 길러내는 것이 리더의 역할이기도 하다. 이런 구성원들에게는 멘토제를 활용하여 일을 배우게 하는 것도 좋은 방법이 될 수 있다.

중요한 것은 이들에게 너무 많은 시간을 빼앗겨서는 안 된다는 점이다. 이들 중 개선 가능성이 큰 사람과 그렇지 않은 사람을 구분하여 정기적으로 조직을 새롭게 꾸리는 것도 중요하다. 무엇보다 긍정적 태도를 가졌는지를 살펴볼 필요가 있다. 변화 관리의 대가인 존 코터(John Kotter)는 태도가 나쁜 구성원은 초기에 방출해야 한다고 강조한다. 태도는 고치기가 너무 힘들기 때문이다.

리더의 임무를 수행하기는 쉽지 않은 일이다. 무엇보다 사람에 대한 이해가 뒷받침되어야 한다. 그리고 끊임없이 정의하고 설명할 수 있는 기준을 세울 수 있어야 한다.

breakthrough

- 우리 조직의 구성원은 역량과 동기를 고려할 때 어떤 유형인가?
- 각각의 구성원에게 어떤 방식으로 리더십을 발휘할 것인가?

인정과 존중이 열린 상호작용을 부른다

이쯤에서 다시 한번 떠올려보자. '지즉위진간'. 정의하고 설명할 수 없다면 모르는 것이다. 피드백은 리더가 평소 생활처럼 하는 일이다. 과연 제대로 하고 있는가? 그리고 제대로 하고 있는지 어떻게 확인할 수 있는가? 정의하고 설명할 수 없다면 겸손한 마음으로 다시 정리해보기 바란다.

거의 모든 리더는 좋은 의도를 가지고 피드백에 임한다. 구성원의 성장을 원하고 그를 도와 성과를 높이고 싶은 열망도 있다. 하지만 구성원이 이런 리더의 마음을 알 방법은 그의 행동을 보고 판단하는 것뿐이다. 리더가 아무리 좋은 의도를 가졌다고 해도 제대로 피드백이 되지 않아 행동으로 옮겨지지 않으면 엉뚱한 결과를 초래한다.

왜 이런 일이 벌어질까? 리더가 방법을 모르기 때문이다. 피드백할 때도 방법을 제대로 알아야 한다. '어떤 방식으로' 피드백을 하느냐에 따라 결과가 확연하게 차이가 난다. 어떤 피드백은 매우 큰 효과를 내지만 어떤 피드백은 오히려 부작용을 초래하기 때문이다.

피드백은 그 효과성에 따라 지지적 피드백, 교정적 피드백, 학대적 피드백, 무의미한 피드백의 네 가지 유형으로 나눌 수 있다.

어떤 행동이 반복되도록 하는 피드백

지지적 피드백은 구성원이 무언가를 잘했을 때 지지해줌으로써 그것이 반복되도록 하는 데 목적이 있다. 피드백을 받은 구성원은 '아, 내가 잘했구나. 앞으로도 더 잘하려고 노력해야겠다'라는 마음을 가질 수 있다. 이런 유형의 피드백은 자긍심을 높여주고 존재 가치를 인정해줌으로써 동기유발을 강화하는 역할을 한다. 구체적으로 다음과 같은 과정에 따라 피드백이 진행된다.

- "김 대리가 요청한 기한보다 일찍 서류들을 준비해줘서" (구체

- "내가 여유롭게 검토할 수 있었어요." (행동의 결과)
- "일찍 준비해줘서 고마워요." (내가 느끼는 감정)
- "이 건이 빨리 처리된 덕분에 이번 달 성과도 좋아졌어요." (그렇게 느끼는 이유)

피드백의 핵심은 '구체성'이다. 상대의 행동, 행동의 결과, 자신의 감정, 그런 감정을 느낀 이유까지 일목요연하게 설명해야 구성원도 리더가 왜 나를 지지하는지 납득할 수 있다. 그저 '좋았어', '잘했어'라는 말은 형식적인 칭찬에 불과하며 구성원을 납득시키기도 힘들다.

행동 변화를 일으키는 피드백

교정적 피드백은 구성원이 무언가를 잘못했을 때 그 사실을 깨닫고 교정할 수 있도록 해주는 피드백이다. 이런 유형의 피드백을 할 때는 감정이 앞서지 않도록 주의해야 한다. 감정을 배제한다는 것이 쉽지 않은 일이지만 지나치게 감정적으로 보이면 부작용이 생길 수 있다. 리더가 자신의 감정을 표현하는 것도 중요하다. 다만 효과적으로 전달되어 결과에 좋은 영향을 미치게 해야 한다. 다음과 같이 하면 효과적으로 피드백을 할 수 있다.

- "김 대리가 기한이 지나 서류를 넘겨주는 바람에" (구체적 행동)
- "제가 검토할 시간이 부족했어요." (행동의 결과)
- "매우 당혹스러웠습니다." (내가 느끼는 감정)
- "이번 건은 우리 지점 성과 차원에서도 중요한 일이었거든요." (그렇게 느끼는 이유)
- "앞으로 기한을 지키지 못할 때는 미리 말씀해주세요." (개선해야 할 사항)

교정적 피드백은 그동안 지지적 피드백을 통해 리더와 구성원이 서로 충분히 교감한 상태에서 활용하면 더 큰 효과를 볼 수 있다. 구성원은 리더가 어떤 경우 자신을 지지하는지, 또 어떤 경우에 자신의 행동을 지적하는지를 이해하고 보다 효과적으로 대처하게 된다.

모멸감을 초래하는 피드백

학대적 피드백은 감정을 내세워 구성원을 다그치는 피드백으로, 상대에게 모멸감을 주어 피드백을 하지 않는 것보다 더 못한 결과를 초래할 수 있다. 예를 들어 "시키면 시키는 대로 하라", "까라면 까야지" 등은 대표적인 학대적 피드백이라고 할 수 있다. 이런 피드백은 리더와 구성원의 관계에 큰 상처를 남길 수 있으므로 차라리 아무것도 하지 않는 편이 더 나을 수 있다.

하나 마나 한 피드백

마지막은 하나 마나 한 무의미한 피드백이다. "응, 그래. 좋았어", "어, 좋아" 등 시쳇말로 '영혼이 없는 피드백'이 여기에 속한다. 이런 피드백을 받은 구성원은 "과연 기획안을 검토하긴 한 건가?", "도대체 구성원에게 관심이 있는 거야, 없는 거야?"라고 생각하게 되어 업무에 대한 열의가 떨어질 수 있다. 게다가 그다음 피드백도 기대하지 않게 되면서, 리더와 구성원 사이에 거리감이 생기게 된다.

breakthrough
- 평소에 구성원에게 피드백을 할 때 주로 어떤 방식을 사용하는가?
- 피드백을 하고 자기 의도와는 다른 반응을 경험한 적 있는가? 무엇이 잘못됐을까?

피드백할 땐 평가보다
의논하는 자세로 접근한다

구성원의 역량을 높이기 위해서는 KSA에 집중해야 한다. 차별화되고 유의미한 지식, 스킬, 태도가 그것이다. 좀 더 구체적으로 살펴보면 지식(Knowledge)은 '업무를 위해 알아야 하는 것은 무엇인가', 스킬(Skill)은 '숙달되어 효율적으로 활용하는가', 태도(Attitude)는 '개선하고자 하는 의지가 있는가'를 의미한다. 이 세 가지가 높으면 성과 또한 높아진다는 것은 이미 수많은 실험으로 증명됐다. 그런데 이 세 가지를 강화하려면 리더의 관찰과 피드백이 필요하다.

피드백은 구성원이 업무 수행을 위한 지식과 스킬 그리고 긍정적 태도를 가졌는지, 그것의 부족함을 알고 있는지, 어떻게 하면 그 힘을 강화할 수 있는지를 리더가 관찰하고 조언하고 교정해주는 과정이다. 조직에서는 매일 피드백이 오가지만 제대로 이루어지고 있는지 의문이다. 효과적인 피드백을 위해서는 다음의 세 가지가 충족되어야 한다.

- 정기적으로 시간을 정하여 비공개 일대일 면담을 진행한다.
- 구성원이 지지받고 있다는 느낌이 들도록 북돋아준다.
- 코칭, 상담을 통해 개인적인 성장을 이루도록 지원한다.

중요한 것은 '상대가 잘 하고 있는지 평가한다'라는 관점이 아니라 '상대에게 문제가 있다면 함께 의논한다'라는 자세로 접근하는 일이다. 리더와 구성원이 머리를 맞대고 앉아 의견을 주고받는 자리는 대화와 표정과 손짓이 오가는 매우 열정적이고 사소한 순간이다. 때로는 토씨 하나가 상대의 기분을 나쁘게 할 수 있고, 말하는 방향이 약간만 빗겨나가도 오해가 생길 수 있다. 그런 의미에서 평가하는 관점이 아니라 의논하는 자세로 접근해야 상대를 변화시킬 수 있는 긍정적인 피드백이 가능하다.

가장 좋은 피드백 방법은 정기적으로 꾸준하게 하는 것이다. 특정한 사안이 생길 때만 피드백을 하는 것이 아니라 최소 한 달에 한 번 이상 1시간 내외로 면담을 진행하는 것이 좋다.

이런 정기적인 피드백을 보다 효과적으로 진행하기 위해서는 평소 구성원을 관찰하는 과정이 필요하다. 여기서 '관찰'은 '사실에 기반을 둔 관찰'을 의미하며 리더의 편견에 의한 잘못된 판단이 아니다. 어쩌다 한 번 본 구성원의 모습을 두고 '저 친구는 왜 저렇게 불성실해'라고 판단하거나, 최근에 한 번 일을 잘했다고 '음, 저 친구는 매우 열심히 하는군'이라고 단정해서는 안 된다. 관찰은 장기간에 걸쳐 사실에 기반을 두고 해야 하며, 그렇지 않으면 자칫 구성원에 대해 편견이 생길 수 있다.

정기적인 일대일 피드백은 크게 두 가지 방향으로 이루어진다. 첫째, 성과 개선을 위해 업무 현안에 대한 의견을 듣고 교육 훈련 사항을 논의한다. 둘째, 업무적인 도움과 지원 사항을 파악하기 위해 개인적인 문제와 요구 사항 그리고 필요한 도움과 지원 사항에 대해 논의한다. 전자는 조직에서의 역량 향상과 성과 개선을 위한 것이고, 후자는 개인 차원의 문제를 해결해 주는 것이다. 구성원 역시 감정이 있는 인간이기에, 그가 가지고 있는 개인적인 불만도 귀담아들어야 한다. 면담할 때는 질책이나 평가보다는 리더와 구성원 사이의 긍정적 관계를 강화하는 데 초점을 맞출 필요가 있다.

마지막으로 어떤 자세로 피드백을 할 것인가도 고려해야 한다. 사소한 것 같지만, 리더와 구성원이 어떤 방식으로 대화를 나누는가도 매우 중요하다. 컴퓨터와 각종 기기를 많이 사용하는 요즘 구성원 앞에서 컴퓨터를 보며 이야기한다거나, 다른 일을 하면서 눈을 마주치지 않고 구성원을 대하는 태도는 피드백의 취지를 살리지 못한다. 어떤 자세로 앉아서 이야기하는가도 중요하다. 일반적으로 마주 보는 자세가 좋을 것 같지만, 이는 자칫 리더를 권위적으로 보이게 할 우려가 있다. 따라서 약 45도 각도로 비스듬하게 앉아 대화를 나누면 편안한 분위기를 연출할 수 있다.

breakthrough

- 역량을 이루는 세 가지 요소는 무엇인가? 그에 따라 구성원의 상태를 파악할 수 있는가?
- 당신은 리더로서 구성원과 1년에 몇 번 정도 솔직하게 터놓고 이야기하는 시간을 갖는가?

공자에겐 3000명의 제자들이 있었다

리더는 자신에게 집중하는 경향이 강하다. 그 자리까지 올라
갔다는 자부심도 있겠지만, 그 자부심을 어떻게 유지해나갈 것
인가에 관심이 많기 때문이다. 훌륭한 리더는 자신보다 구성원
에게 더 관심이 많다.

위대한 스승이자 리더인 공자는 사실 외형적으로 보면 보잘
것없었다. 칠십 평생 높은 관직에 오른 적도 없고, 집도 없이
떠돌아다녔다. 당연히 부를 축적했을 리 없다. 하지만 그에게
는 3000명의 제자가 있었는데, 그들이 시대의 사상을 좌우했
다. 그처럼 많은 제자가 따랐던 것은 공자의 제자에 대한 관찰
과 맞춤형 대화 때문이었다. 그는 같은 질문을 받더라도 제자
의 성격과 스타일에 따라 매번 달리 답했다.

리더의 궁극적 목적은 하나다. 구성원을 성장시킴으로써 자
신도 성장하는 것이다. '구성원의 성장'이라는 전제조건이 있는
것이다. 자신에 관한 관심을 구성원에 관한 관심으로 채울 방
법을 찾아야 한다. "자식과 마누라 빼고 모두 바꾸라"라는 혁신
메시지는 꽤 그럴듯하지만, 현실적으로 개인이 감당하기에는
버거운 말이다. 내 앞에서 일하는 구성원 그리고 잠시 뒤 내게
보고를 하러 올 구성원에 대한 좀 더 깊은 관심이 위대한 리더
로 나아가는 첫걸음이다.

지금위진간,
알아야 보인다.
무엇을 모르고
무엇을 알지?

계속 다운되어 있는
김 과장.
나는 그의 마음을
얼마나 알고 있나?

지시하지 말고
질문하라고 했다!
질문을 잘 하는
방법은 뭔가?

측정할 수 없으면
관리할 수 없다!!
드러커 아저씨가
말했다.

회의가 너무 많아
죽을 것 같다…
왜 우리 부서의 회의는
참신하지 못할까?

생각 정리가 잘 안 된다.
중요한 게 너무 많다!
중요하지 않은 것부터
버리자.

MECE?
중복도 누락도 없이!
A 프로젝트를
MECE로 다시
점검해보자.

SWOT, PEST, SKA…
나만의
개념어 사전 만들자.

2부.

메타 지성을
지닌 종족과
함께 살아가는 법

4장.
일의 속도를 높이는
생각 정리의 기술

intro

우리는 흔히 커뮤니케이션이라 하면 '내 생각을 상대에게 잘 전달하는 것'이라고 여긴다. 이런 정의만으로는 부족하다. 내 생각을 상대에게 잘 전달하기 위해서는 먼저 내 생각부터 잘 정리되어야 한다. 아무리 리더와 구성원이 많은 대화를 하더라도 구성원이 "도대체 무슨 말인지 모르겠어"라는 반응을 보인다면 커뮤니케이션 이전에 리더의 생각 자체가 제대로 정리되지 않았을 가능성이 크다.

따라서 리더라면 자기 생각을 명확하게 정리하고 정확한 메시지를 담는 법부터 알아야 한다. 뭉툭하고 애매한 생각은 업무에 혼선을 빚기 마련이며 구성원은 이를 '삽질'이라고 말한다. 구성원의 동기가 충분히 유발되고 역량과 성과에 대한 정의가 명확해졌다면, 이제 리더가 어떻게 논리적으로 사고하고 그것을 정확한 메시지로 만들 것인지를 탐구해야 한다.

생각의 정리는
붕어빵 찍는 과정과 같다

커뮤니케이션이란 꽤 절망적인 주제 중 하나다. 커뮤니케이션을 하는 방법이 어렵다거나 혹은 복잡해서 하는 말이 아니다. 커뮤니케이션을 하는 와중에 숱한 장애물을 만나기 때문이다. 그런 장애물은 애초 극복하기 힘들어 보이는 경우도 있다. 그 이유는 이 세상에 동일한 감성, 경험, 인식 수준을 가진 사람은 단 한 명도 없기 때문이다. 나와 100퍼센트 동일하게 세상을 판단하고 사물을 인식하는 사람은 존재하지 않는다. 그렇기에 커뮤니케이션이라는 것은 처음부터 장애물을 맞닥뜨릴 수밖에 없다. 심지어 단어 하나를 쓰는 데도 각자가 느끼는 뉘앙스는 사뭇 다르다.

따라서 커뮤니케이션의 본질이란 내 생각과 내가 전달하는 메시지가 다른 사람의 머릿속에서 동일한 생각과 메시지로 자리잡는 것을 의미한다. 그것은 일종의 '생각과 메시지의 붕어빵을 찍는 과정'이라 할 수 있다.

70억 인구의 생각은 저마다 다르다

한국 국가대표 축구팀이 국제대회에서 경기할 때마다 들리는 단골 응원 멘트가 있다. 바로 '대~한민국!'이다. 이런 구호를 외치거나 들으면서 우리는 조국에 대한 애국심 그리고 승리에 대한 열정과 간절함을 느끼게 된다. 그런데 이 응원 문구가 외국인들에게는 좀 다른 의미로 다가간다. 그들에게 우리의 구호는 'Great~ Republic of Korea!'에 가깝다. 즉 '위대한 한국' 정도의 뉘앙스를 풍긴다. '대한(大韓)'이라는 말이 'Great'로 해석되기 때문이다.

"나는 우리 조국을 사랑한다(승리를 염원한다)"라는 말과 "우리 조국은 위대하다"라는 말은 전혀 다른 의미다. '대한민국'이라는 이 한 단어 혹은 단 네 개의 글자에서도 우리는 커뮤니케이션을 방해하는 장애물을 만나게 된다. 이것은 일종의 '틀'의 문제이기도 하다. 사람들은 저마다 다른 틀에서 생각한다. 커뮤니케이션을 절망적인 주제라고 말한 이유가 바로 여기에 있다.

한국인과 외국인의 생각의 틀이 다르기 때문에 이렇듯 해석과 인식에 있어서 오류와 차이가 발생한다.

이는 한국인과 외국인 사이에서만 발생하는 일은 아니다. 회사에는 저마다 다른 경험, 감성, 인식을 가진 사람들이 모여 있다. 피터 드러커가 "기업에서 발생하는 문제의 약 60퍼센트는 잘못된 커뮤니케이션에서 비롯되고 있다"라고 말한 것 역시 커뮤니케이션이 얼마나 힘든 일인지 알려준다.

플레시먼힐러드(FleishmanHillard)라는 미국 회사가 있다. 홍보대행사인 이 회사는 지난 12년 동안 고객 만족도와 평판 조사에서 1등을 했다. 말 그대로 세계 최고이자 최대 규모의 커뮤니케이션 컨설팅 회사다. 이 회사의 데이브 시네이(Dave Senay) 회장이 하는 말을 들어보면 절망적인 커뮤니케이션 상황이 뼛속까지 스며드는 느낌이다. 그는 국내 한 언론과의 인터뷰에서 '정보 습득 지문(Media Consumption Fingerprint)'이라는 개념을 설명했다. 70억 인구의 손가락에 모두 다르게 새겨져 있는 지문(指紋)처럼 정보 습득법도 사람마다 다르다는 이야기다. 그는 이렇게 말했다.

"예를 들어 저는 누구에게나 똑같은 사람이고 제 어머니와 제 장모는 저와 매우 가까운 사람입니다. 그런데 제 어머니는 제가 일을 너무 많이 한다고 생각하는 반면, 제 장모는 제가 충분히 일하지 않는다고 생각합니다. 두 분에게 저의 똑같은 정보가 다르게 비치는 이유는 무엇일까요? 두 분이 서로 다른 기대치와 입장, 즉 서로 다른 '정보 습득 지문'을 갖고 있기 때문이지요."

사실 누군가가 '일을 많이 하는가' 혹은 '적게 하는가'라는 것은 비교적 쉽게 판단할 수 있는 문제다. 하지만 여기서도 시네이 회장의 가장 가까운 두 사람은 극단적으로 전혀 다른 의견을 제시하고 있다.

서로 다른 틀을 극복하는 유일한 도구

스탠퍼드대학 심리학과에서는 '노래 알아맞추기' 테스트를 한 적이 있다. 모든 사람이 알 만한 아주 쉽고 대중적인 노래를 선택해 한 명에게 한 가지 도구로 그 노래의 음계만 연주하게 했다. 그리고 상대로 하여금 이를 알아맞게 했다. 음계를 연주하는 사람은 '너무 잘 알려진 노래이기 때문에 누군가 알아맞힐 거야'라고 생각하기 마련이다.

예를 들어 한 사람이 우리나라 〈애국가〉를 마음속으로 부르면서 숟가락으로 음계를 두드린다고 해보자. 듣는 이는 〈애국가〉라는 사실을 전혀 모른 채 그저 불규칙한 리듬을 들을 뿐이다. 실험 결과 대다수 사람이 노래를 알아맞히지 못했다.

이 실험은 커뮤니케이션이 낳는 오해와 모호성을 단적으로 보여준다. 음계를 두드리는 사람은 "어떻게 이걸 모를 수 있지?"라고 생각하지만 상대에게 그 음계는 오리무중의 불규칙한 난타에 불과하다. 회사에서도 이런 커뮤니케이션 오류는 수없이 일어난다.

"야, 그건 상식이잖아"

"이렇게 쉬운 걸 어떻게 모르지?"

"이런 건 일의 기본 아니야?"

이런 말들의 이면에는 서로 간의 인식의 틀 차이로 인한 괴리와 균열이 존재한다. 자신은 다 아는 리듬이지만 상대는 전혀 알아들을 수 없는 불규칙한 선율에 불과하다. 이런 문제를 극복하고 인식의 틀을 일치시키는 방법은 없을까? 그 답은 붕어빵을 만드는 과정에서 발견할 수 있다. 하나의 동일한 틀을 사용하는 붕어빵은 100개를 만들든, 1000개를 만들든 모양이 동일하다. 괴리, 균열, 차이라는 것이 존재하지 않는다. 이것이 가능한 이유는 '동일한 틀'을 사용하기 때문이다.

커뮤니케이션에서도 마찬가지다. 동일한 틀을 사용해 생각을 정리하면 향후 커뮤니케이션이 훨씬 더 쉬워질 것이다. 이 동일한 틀이라는 것이 곧 '논리성'이라고 할 수 있다. 논리라는 것은 인류가 수만 년 동안 개발하고 동의하고 반추해서 옳다고 확정한 것이다. 모두에게 공통으로 사용되면서 누구나 합의할 수 있는 생각의 틀이다. 하나의 진리의 영역에 속하는 것이기 때문에 그 사람의 감성, 경험, 인식의 차이와는 아무런 상관이 없다.

다음의 논리를 보자.

- 모든 사람은 죽는다.
- 소크라테스는 사람이다.
- 따라서 소크라테스는 죽었다.

위와 같은 가장 기본적인 논리를 부정할 만한 사람은 없다. 이 삼단논법은 진리로 확증됐으며 국적과 언어를 불문하고 전 세계 모든 학교에서 교육되고 있다. 매우 어려워 보이는 논문에도 기본적으로 삼단논법이 사용되어 그 학문적 성과를 뒷받침하고 있다. 이 틀은 생각을 논리적으로 정리해 커뮤니케이션에서 발생할 수 있는 틈새를 메우고 모호성을 제거해준다.

리더가 제대로 된 커뮤니케이션을 하기 위해서는 구성원에게 말하기 전에 먼저 자기 생각을 논리적으로 정리해야 한다. 논리의 틀에 맞춰 생각을 정리하여 잘 전달하면 그것이 아무런

가감 없이 상대의 뇌리에 정확하게 붕어빵처럼 찍히면서 커뮤니케이션의 오류가 사라질 확률이 높아진다.

앞서 소개한 시네이 회장은 커뮤니케이션의 가장 중요한 원칙을 '이해되는 것'이라고 말한다. 이 말은 너무 원론적이고 너무 당연한 소리처럼 들린다. 그런데도 커뮤니케이션의 달인인 그가 이런 말을 한다는 것은 너무도 많은 사람이 이해되지 않는 방식으로 소통하고 있다는 의미다. 나는 붕어빵을 주고 있다고 생각하지만, 상대에게는 그것이 문어빵 혹은 찐빵인 셈이다.

구성원이 아무리 뜨겁게 동기부여가 되고 탁월한 역량을 가지고 있다 해도 리더의 생각이 정확하게 전달되지 않으면 혼란에 빠지고 만다. 이것은 애초 출발점 자체가 달랐다는 것이며, 따라서 최종 목적지도 다른 것과 마찬가지다. 모두에게 "앞으로 100미터를 열심히 뛴다"라고 똑같이 말했지만 어떤 사람은 원을 그리면서 100미터를 뛰고, 어떤 사람은 대각선으로 100미터를 뛰는 것과 다르지 않다.

절망적 주제인 커뮤니케이션을 구원할 유일한 방법은 '논리성'이다. 어떻게 논리적으로 내 생각을 정리할 것인가 그리고 그것을 어떻게 논리적으로 전달할 것인가가 전부라고 해도 과언이 아니다.

breakthrough

- 효과적인 커뮤니케이션이란 무엇인지 정의하고 설명할 수 있는가?

- '논리정연하다'의 의미에 대해 사전적 정의를 찾아보고 나는 과연 논리적인지 생각해보자.

생각과 고민은 어떻게 다른가

본격적인 생각의 논리성을 알아보기 전에 먼저 '생각'과 '고민'의 차이를 짚고 넘어갈 필요가 있다. 원재료를 다루는 방법을 알기에 앞서 제대로 된 원재료를 마련해야 하기 때문이다. 강철을 제련하는 방법을 배우려면 우선 강철이 있어야 한다. 강철이 아닌 진흙 덩어리를 갖다놓고 강철을 제련하는 방법을 논하는 것은 어불성설이다.

일상에서 우리에게 가장 어려운 일이 지금 내가 하는 것이 '생각'인지, 아니면 막연한 '고민'인지를 파악하는 것이다. 생각에 미치지 못하는 고민의 논리성을 따지는 것은 불가능하다. 이런 이유로 가장 먼저 생각과 고민을 구분할 필요가 있다.

우리는 생각하는 것 같지만 실은 생각이 아니라 막연한 고민에 빠져 있을 때가 많다. 2018년 러시아에서 열린 월드컵 당시 한국 국가대표 축구팀에 대한 국민의 기대가 매우 높았다. 하지만 첫 상대인 스웨덴 대표팀에 완패를 당하자 당시 언론에서 비판이 봇물 터지듯 쏟아져 나왔다. 그때 나는 한 강의에서 수강생에게 '한국 축구의 문제점이 무엇인지 생각해보라'는 토의 과제를 주었는데 다양한 답이 나왔다.

"우리나라 사람들은 평소 케이리그 등 축구에 관심이 없다."

"기본기가 부족하다."

"축구계의 병폐인 연고대 파벌이 제일 큰 문제다."

"시스템이 제대로 갖춰지지 않았다."

"선수들도 그렇지만 감독이 가장 큰 문제다."

이런 이야기들은 얼핏 보면 생각의 결과물처럼 들린다. 저마다 자기만의 분석에 기초해 그 원인을 제시하기 때문이다. 이것은 정말 생각의 영역에 속하는 것일까? 하지만 이것은 고민에 불과하다. 그 이유를 알기 위해서는 우선 생각에 대해 정의부터 해볼 필요가 있다.

한국어 사전을 찾아보면, 생각이란 "헤아리고 판단하고 인식하는 따위의 정신작용"이다. 생각은 '이해(헤아림) – 판단 – 인식'이라는 총체적 정신작용을 말한다. 단순히 부정적인 면을 지적하는 것 혹은 문제의 단면을 드러내는 일, 특정한 원인을 제시하는 것만으로는 생각이라고 할 수 없다. 특히 '프로세스'와 '프레임워크'라는 차원에서 생각과 고민은 결정적 차이가 있다.

생각에는 사고의 프로세스가 있으며, 그 프로세스를 온전히 장악하는 프레임워크라는 것이 존재한다. 프로세스란 생각을 밀고 나가는 일정한 흐름과 방향을 의미하며, 프레임워크는 그 생각을 다루는 일정한 뼈대나 틀 혹은 체제를 의미한다. 우리의 생각이 진정한 생각이 되기 위해서는 그것을 프로세스와 프레임워크 안에서 다뤄야 한다.

우리는 생각이라고 하는 것이 매우 자유롭고 창의적이고, 때로는 물 흐르듯 자연스럽게 흐르는 것이라고 여기는 경향이 강하다. 하지만 그것은 생각의 외형적 특성일 뿐, 생각이 제대로 작동하고 그것이 현실에서 힘을 얻기 위해서는 '공학적이다'라고 표현할 정도로 체계적인 프로세스와 프레임워크를 가지고 있어야 한다. 이것이 이루어져야 막연한 고민에서 오는 불안과 혼란을 줄일 수 있다.

breakthrough

- 생각과 고민의 차이는 무엇인가? 당신은 평소 생각을 많이 하는가, 고민을 많이 하는가?
- 당신만이 가진 사고의 프로세스와 프레임워크가 있는가?

프로세스와 프레임워크에 근거한 사고의 핵심

문제를 해결하고 의사 결정을 가능하게 하는 제대로 된 생각은 프로세스와 프레임워크에 근거해야 한다. 그럼 '어떤' 프로세스와 프레임워크에 근거해야 할까?

토론토대학 로트만경영대학원의 로저 마틴(Roger Martin) 교수는 『생각이 차이를 만든다(The Opposable Mind)』라는 책에서 '결정에 이르는 사고 프로세스와 프레임워크'에 대해 다음과 같이 설명한다.

- 무엇을 결정하든 우리는 중요하다고 생각하는 주요 요소를 고려하고
- 그런 요소들 간의 관계에 대한 모델을 만들며

- 특정한 결과를 만들 수 있는 구조로 배열하고, 현안에 대한 해결에 이른다.
- 만일 주요 요소, 관계, 구조가 다르다면 백발백중 다른 결과가 도출될 것이다.

마틴은 이 사고의 프로세스를 다음과 같이 그림으로 표현했다.

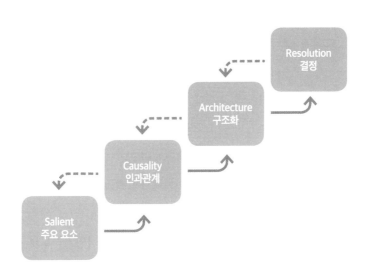

로저 마틴의 사고 프로세스

출처: 로저 마틴 저, 『생각이 차이를 만든다』, 지식노마드, 2008년

우리가 무언가를 생각한다는 것은 그 생각을 통해 과제나 문제를 해결하는 과정이며 또한 상황에 대한 결론을 도출하는 과정을 말한다. 예를 들어 우리가 여행을 가려고 할 때 어떤 과정을 거치는지를 생각해보면 어떤 프로세스와 프레임워크를 사용하는지 이해할 수 있다. 먼저 여행을 위해 여러 가지를 떠올린다. 즉 경비, 호텔 위치, 가고 싶은 관광지 위치, 먹고 싶은 음식 등 여러 요소를 고려하기 시작하는 것이다.

이런 요소들이 파악됐다면 우리는 이것을 '연관' 짓기 시작한다. 예를 들면 이런 식이다.

- 어디로 가야 할까? 안전에는 문제가 없을까?
- 경비는 충분한가? 누구와 함께 가야 할까?
- 호텔이나 숙박 시설은 어디가 좋을까? 가성비는 괜찮을까?

이런 연관 짓기의 과정이 끝났다면 그다음에는 '구조화' 과정이 시작된다. 마치 나무처럼 논리 구조가 생성되고 그 안에서 현안에 대한 해결책에 이르게 된다.

이 관광지는 호텔 위치와 너무 멀다.

→ 대중교통을 이용할까?

→ 비용은 아낄 수 있지만, 시간이 오래 걸린다.

→ 그럼 시간을 줄이기 위해 택시를 탈까?

→ 택시를 타면 경비가 초과할 수 있다.

→ 아니면 이 관광지를 포기하고 다른 것에 시간을 사용할까?

→ 하지만 그곳에 꼭 가보고 싶다.

해결책

→ 그렇다면 택시를 타면서 시간을 줄이되, 저렴한 음식을 먹고 그 경비를 충당하자!

만일 우리가 결정에 이르는 생각을 제대로 하고 있다면 위와 같은 과정을 순식간에 거치게 된다. 문제가 해결되지 않는다는 것은 곧 위의 과정, 즉 '주요 요소 – 인과관계 – 구조화'라는 프레임워크를 제대로 활용하지 못하고 있다는 이야기다. 주요 요소를 어떻게 파악할 것인가? 어떻게 요소들 간의 인과관계를 찾을 것인가? 그리고 어떻게 구조화를 통해 생각을 정리해나갈 것인가?

만일 주요 요소를 파악할 때 꼭 필요한 요소를 파악하지 못하는 누락이 발생한다면 어떤 결론을 내더라도 그것은 효과가 없을 것이다. 인과관계를 제대로 찾지 못한다면 생각의 정리

과정에 중복이 발생해 역시 효과적인 결론을 도출하지 못할 것이다. 구조화 과정에서도 비약으로 인한 착오를 일으킨다면 제대로 된 결론에 이를 수 없게 된다.

따라서 결정에 이르는 사고의 전체 과정을 수행할 때는 네가지 사항을 주의해야 한다. 중복, 누락, 비약, 착오가 발생하지 않도록 해야 한다는 것이다. 사고의 프로세스와 프레임워크를 사용하는 과정에서 이 네 가지가 발생하면 우리의 생각에는 구멍이 뚫리고, 그 구멍으로 인해 생각의 논리성을 담보하지 못하게 된다.

업무 수행 과정에서 반드시 고려해야 할 변수를 '누락'하거나, 문제의 원인을 '착오'하거나 혹은 주어진 현상의 의미를 해석하는 데 있어서 지나치게 '비약'한다면 올바른 생각이 불가능하다. 여기에 한 번 고려했던 상수를 또다시 계산하게 되면 이 역시 엉뚱한 결과를 초래한다.

아침에 눈을 뜨면서부터 하는 모든 생각에 이런 프로세스와 프레임워크를 적용할 수는 없을 것이다. 하지만 우리가 제대로 된 의사 결정을 내리기 위해서는 효과적이고 효율적인 사고 프로세스와 프레임워크가 필요하다.

breakthrough

- 의사 결정에 이르는 생각의 프로세스를 설명할 수 있는가?
- 그동안 자신의 생각 정리를 힘들게 했던 요인은 무엇인지 설명할 수 있는가?

설득하는 글쓰기는
중복도 누락도 없이

메시지의 설득력을 떨어뜨리는 주범을 제거하는 데 유용한 두 가지 방법이 있다. 하나는 '미씨(MECE) 프레임워크'이고 다른 하나는 '생각의 구조화'다.

로저 마틴의 사고 프로세스를 보면 생각의 시작은 주요 요소를 파악하고, 인과관계를 찾아, 관련 있는 것끼리 그루핑을 하는 것이다. 주요 요소를 파악할 때 꼭 필요한 요소의 '누락'이 없어야 하고, 관련 있는 것끼리 그루핑을 할 때 '중복'이 없어야 한다. 이 두 가지를 방지하기 위한 프레임워크로 사용되는 방법이 바로 미씨 프레임워크다. MECE는 'Mutually Exclusive Collectively Exhaustive'의 약자로 '중복되지도, 누락되지도 않은'의 뜻이다. 다음 그림처럼 모든 것이 포함되지만 중복되지

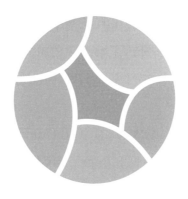

미씨 프레임워크

않게 정확히 나누어져 있는 것을 뜻한다.

전체의 구는 우리가 생각하려는 대상의 전체 모습이라고 할 수 있다. 각 부분이 중복되지 않게 분류되어 있으며, 누락이 없는 모양새다. 이를 정의해보면 다음과 같다.

전체를 구조적으로 파악하고, 상호 중복되지 않고, 전체로서 누락이 없게 그루핑하는 것

우리는 1장에서 시장 조사를 지시하던 최 부장의 사례를 살펴보았다. "너희들이 알아서 조사해!"라고 지시한 경우와 "시장 조사를 위해 고려해야 할 세 가지 분야인 고객, 경쟁사 그리고

우리 회사에 대해 조사해봅시다!"라고 지시한 경우, 둘 중 어느 쪽이 더 정확한 시장 조사를 할 수 있는지 쉽게 알 수 있다.

두 상황의 차이는 리더인 최 부장이 미씨 프레임워크를 사용했는지 여부다. 첫 번째 상황에서 최 부장이 던진 메시지는 '알아서'다. 이는 메시지라기보다는 공허한 말의 덩어리일 뿐이다. 반면 두 번째 상황에서 최 부장은 미씨 프레임워크를 사용하고 있다. 미씨 프레임워크를 사용한 지시는 구성원에게 일의 방향을 올바르게 알려주고 역할 분담도 명쾌하게 정리해준다. 두 상황의 차이점은 일의 출발선이 다르다는 것이다. 어느 경우가 더 효율적이고 효과적일까?

최 부장이 사용한 미씨 프레임워크 '3C'는 고객(Customer), 경쟁사(Competitor), 자사(Company)로 나눠 시장을 파악하되 중복과 누락을 방지할 수 있는 틀이다. 이는 컨설턴트 오마에 겐이치가 개발한 것으로서 시장을 분석하는 데 매우 효과적인 프레임워크다. 리더가 이런 프레임워크 없이 막연하게 문제에 접근하면 혼란스러운 나머지 문제 해결의 실마리를 잡지 못한다.

많은 경우 여러 개의 다른 미씨 프레임워크를 사용할 필요가 있다. 회사에 문제가 있어 그 해결책을 찾기 위해 시장 조사를 하는 경우를 살펴보자. 문제 해결책을 찾을 때 반드시 고려해야 할 것은 우리가 접근할 수 있는 곳에서 해결책을 찾아야 한다는 것이다. 시장을 조사하는 목적은 고객과 경쟁사에 대한 정보를 파악하여 해결책을 찾는 것이다. 우리가 사용할 수 있는 해결책은 바로 우리 안에서 찾아야 한다. 우리가 영향을 줄 수 없는 고객과 경쟁사에 대해서는 우리가 할 수 있는 것이 거의 없다.

3C 프레임워크를 통해 시장 상황을 파악했다면 그다음으로 필요한 것은 우리 내부의 상황을 분류하는 프레임워크다. 내부를 분류하는 데 사용할 수 있는 대표적인 프리임워크에는 '4M'이라는 미씨 프레임워크가 있다. 4M은 인력(Man), 시설(Machinery), 자재(Material), 운영(Method)를 뜻한다. 우리 내부의 상황을 이 네 가지 프레임워크로 분류해보면 누락과 중복 없이 나눌 수 있다. 서비스업의 경우 자재 부문을 재정(Money)과 관련한 부문으로 대체해 사용하면 큰 문제가 없을 것이다. 이렇게 인력 – 설비 – 자재 – 운영 부문을 검토하다 보면 지금 우리가 할 수 있는 것은 무엇인지 알게 되고, 무엇에 집중해야 하는지에 대한 답을 도출할 수 있다.

회사에서는 워크숍을 자주 간다. 거기에서 많은 대화와 토론을 하지만, 정작 다녀온 뒤 "이야기를 많이 하기는 했는데 정작 무엇을 하자는 건가?" 하는 의구심을 가진 적은 없는가? 심지어는 워크숍이 회사의 성토장으로 변해 감정 해소만 하고 오는 경우도 허다하다.

왜 이런 일이 벌어질까? 리더의 무지 때문이다. 리더가 워크숍의 목적을 명확히 세우지 못했기 때문이다. 또한 워크숍에서 구성원의 다양한 의견을 수렴하여 현재의 문제에 대한 핵심 어젠다를 정하고 그에 맞는 액션 플랜을 정리하는 방법을 모르기 때문이다.

리더는 아이디어를 모으고 의견을 조율하고 정리하는 퍼실리테이터가 되어야 한다. 이렇게 의견을 조율하고 정리하는 데 있어서 가장 중요한 것이 미씨 프레임워크다. 대다수 회사의 문제는 3C와 4M의 개념만 알아도 훨씬 효율적으로 핵심에 접근할 수 있다.

이외에도 우리가 평소에 습관처럼 아주 익숙하게 쓰는 틀을 보면 그것들이 대부분 미씨 프레임워크임을 알 수 있다. 전략 관련 SWOT(Strength, Weakness, Opportunity, Threat), 마케팅 관련 4P(Product, Price, Place, Promotion), 시장 트렌드 조사 관련 PEST(Politics, Economy, Social, Technology), 조직 문화 점검을 위한 맥킨지의 7S(Shared values, Strategy, Structure, Style, Staff, Skills, Systems) 등 다양한 미씨 프레임워크를 사용하고 있다. 이 가운데 4P 프레임워크는 마케팅 4.0에서 4C(Co-creation, Currency, Communal activity, Conversation)의 프레임워크로 변하고 있다.

이런 프레임워크를 사용하는 이유는 간단하다. 요소를 파악하고 분류하는 과정에서 누락과 중복을 방지할 수 있기 때문이다. 이런 툴을 사용하지 않는다면 우리가 분석해야 하는 분야에 너무 다양한 요소가 섞여 있어 조직이 문제를 해결하는 데 필요한 공통의 이해를 만들어가기 어렵기 때문이다. 이런 문제의식을 느낀 집단이 바로 컨설팅 회사다. 대부분의 미씨 프레임워크가 컨설팅 회사에서 개발되는 이유이기도 하다. 우리 리더들은 반드시 기본적인 미씨 프레임워크를 이해하고 있어야 한다. 만일 리더가 이해하지 못하고 있다면 구성원의 혼란을 정리하기 어렵기 때문이다.

마지막으로 현상을 분류해야 하는 과정에서 막상 적당한 미씨 프레임워크가 생각나지 않는다면 매우 간단한 미씨 방법론을 사용하면 된다. 바로 '대비(對比)'라는 미씨 프레임워크다. 대표적인 대비 미씨 프레임워크는 '안-밖', '남-여', '서울-지방', '20대 미만-20대 이상', '내적 요소-외적 요소', '수입-지출', '장점-단점', '단기-장기', '증가-감소' 등이 있다. 이와 같이 나누면 복잡성이 반으로 줄어들게 된다. 그렇게 되면 핵심 문제를 찾아가는 과정도 반으로 줄어들어 효율성이 높아질 것이다.

미씨 프레임워크는 사고 프로세스 요소를 파악하고 관계를 찾아 구조화하는 과정에 필요한 매우 효과적인 틀이다.

breakthrough

• 미씨 프레임워크의 개념을 설명할 수 있는가?

• 평소에 보고서 작성이나 의견 정리를 위해 사용하는 미씨 프레임워크에는 어떤 것이 있는가?

쪼개고 나누고 합치면 문제가 보인다

'우리 회사의 매출 하락 원인'이라는 주제를 가지고 3C와 4M을 통해 생각을 정리해보자. 이 과정을 성공적으로 끝마칠 수 있다면 누구에게나 먹히는 설득력 있는 메시지를 만드는 것은 물론 이것을 통해 구체적이고 실질적인 행동 전략까지 짜낼 수 있다.

구성원이 생각하는 매출 하락의 원인을 나열한 다음 3C로 그루핑을 해보자. 앞에서도 말했듯 시장과 경쟁사에 대한 분석은 전반적인 상황 파악을 위한 것이며, 결국 우리가 주목해야 할 것은 우리 회사에 대한 부분이므로 이를 다시 4M으로 나눠본다.

현재 시장 규모가 매년 5%씩 축소되고 있다

3개월간 채권 연체율이 2.5%p 증가했다

상위 2개사와 단위당 10%의 조달 비용 차이가 있다

이후 연간 10% 규모로 마이너스 성장이 예상된다

각 부서 간 KPI가 충돌하는 상황이 자주 발생한다

최근 최우량 고객 2곳이 경쟁사로 구매선을 전환했다

장납기 자재의 납품 지연이 빈번해지고 있다

전수 검사를 샘플링 검사로 대체하고 있다

최근 불량률이 10% 증가했다

신입사원 OJT 기간이 단축됐다

대형 약국에서 가격 할인과 AS를 요구하고 있다

작업 매뉴얼을 개편 중이다

악성 장기 재고가 10% 증가했다

3개월 영업 예측 정확도가 계속 감소하고 있다

최근 들어 이직률이 높아졌다

상위 2개사와 단위당 15%의 생산 비용 차이가 있다

상위 2개사가 압도적으로 시장을 점유하고 있다

원자재의 품질 불량률은 3% 증가했다

상위 2개사와 단위당 15%의 생산 비용 차이가 있다

최근 경쟁사 A가 대규모 프로젝트를 수주했다

새로운 설비 도입에 따른 시제품을 반복 생산하고 있다

마케팅 예산이 삭감됐다

설비 트러블이 2% 증가했다

내부 회의가 계속 늘어나고 있다

매출 하락 원인 조사 결과

고객(Customer)

- 현재 시장 규모가 매년 5%씩 축소되고 있다
- 이후 연간 10% 규모로 마이너스 성장이 예상된다
- 대형 약국에서 가격 할인과 AS를 요구하고 있다

회사(Company)

- 새로운 설비 도입에 따른 시제품을 반복 생산하고 있다
- 전수 검사를 샘플링 검사로 대체하고 있다
- 마케팅 예산이 삭감됐다
- 원자재의 품질 불량률은 3% 증가했다
- 최근 불량률이 10% 증가했다
- 각 부서 간 KPI가 충돌하는 상황이 자주 발생한다
- 장납기 자재의 납품 지연이 빈번해지고 있다
- 최근 들어 이직률이 높아졌다
- 내부 회의가 계속 늘어나고 있다
- 신입사원 OJT 기간이 단축됐다
- 3개월간 채권 연체율이 2.5%p 증가했다
- 설비 트러블이 2% 증가했다
- 악성 장기 재고가 10% 증가했다
- 3개월 영업 예측 정확도가 계속 감소하고 있다
- 최근 최우량 고객 2곳이 경쟁사로 구매선을 전환했다

경쟁자(Competitor)

- 최근 경쟁사 A가 대규모 프로젝트를 수주했다
- 상위 2개사가 압도적으로 시장을 점유하고 있다
- 상위 2개사와 단위당 5% 물류 비용 차이가 있다
- 상위 2개사와 단위당 10%의 조달 비용 차이가 있다
- 상위 2개사와 단위당 15%의 생산 비용 차이가 있다

3C로 그루핑한다

인력(Man)

· 최근 들어 이직률이 높아졌다
· 신입사원 OJT 기간이 단축됐다

시설(Machinery)

· 새로운 설비 도입에 따른 시제품을 반복 생산하고 있다
· 설비 트러블이 2% 증가했다

4M

자재(Material)

· 원자재의 품질 불량률은 3% 증가했다
· 장납기 자재의 납품 지연이 빈번해지고 있다

운영(Method)

· 전수 검사를 샘플링 검사로 대체하고 있다
· 마케팅 예산이 삭감됐다
· 최근 불량률이 10% 증가했다
· 각 부서 간 KPI가 충돌하는 상황이 자주 발생한다
· 작업 매뉴얼을 개편 중이다
· 내부 회의가 계속 늘어나고 있다
· 3개월간 채권 연체율이 2.5%p 증가했다
· 악성 장기 재고가 10% 증가했다
· 3개월 영업 예측 정확도가 계속 감소하고 있다

4M으로 그루핑한다

이렇게만 정리해놓아도 '이제 우리가 무엇을 해야 하는가'에 대한 답이 명확하게 도출된다. 인력 분야에서는 신입사원 OJT 기간을 늘리고 이직률을 낮추기 위한 조직 문화의 변화를 시도해볼 수 있을 것이다. 자재 분야에서는 납품되는 자재에 대한 엄격한 품질 검사 및 납기 준수를 요구하고, 이에 못 미치는 하청업체는 퇴출시켜 다른 업체로 교체할 수 있다.

이런 대안을 내는 것은 어느 정도 직장 생활을 했다면 누구나 할 수 있는 일이다. 하지만 3C, 4M이라는 미씨 프레임워크를 숙지하고 있지 않다면 머릿속은 복잡하게 뒤엉키게 된다. "도대체 뭐가 문제지?"라는 큰 덩어리의 문제에서 멈추어 그대로 대안과 전략을 내놓는 것은 절대적으로 무리다. 문제를 쪼개고 분류하고 구조화하는 과정을 거치면 큰 덩어리의 문제가 세세하게 본모습을 드러내고, 그렇게 되면 각각의 문제에 대응하기가 훨씬 쉬워진다. 이런 한끗 차이가 조직의 행동을 결정하고 구성원의 성과를 좌우하는 것은 너무도 당연한 일이다.

breakthrough
- 3C와 4M의 구성 요소는 무엇인가?
- 3C와 4M을 어떻게 조화롭게 사용할 수 있는지 설명할 수 있는가?

전제가 일치되기 위해 점검해야 할 것들

　생각을 구조화한다는 것은 곧 논리적으로 생각한다는 의미다. 틈새가 벌어지지 않도록 점층적으로 사고하면 비약이 사라지고, 애매함을 제거하기 위해 촘촘하게 사고하면 착오가 예방된다. 이를 통해 리더의 생각은 이치에 맞고, 짜임새가 있으며, 조리 있게 변한다.

　고대 철학자 아리스토텔레스는 사람을 설득하기 위해서는 세 가지가 필요하다고 했다. 첫째, 말하는 사람이 인격적으로 신뢰할 만해야 한다. 둘째, 듣는 사람이 공감해야 한다. 셋째, 말의 내용이 논리적이어야 한다. 아리스토텔레스는 이 세 가지가 모두 중요하지만 무엇보다 전하는 내용이 논리적이어야 한다고 강조했다.

"너의 말을 이해할 수 있어"라는 것은 곧 당신의 말이 논리적이며, 따라서 상대도 납득하고 동의할 수 있다는 의미다. 반면 "너의 말을 이해할 수 없어"라는 것은 곧 당신이 이야기하는 내용이 논리적으로 촘촘하게 연결되어 있지 못하고 구멍이 숭숭 뚫려 있으므로 따라갈 수 없다는 의미다. 말이 이해되지 않는 이유 중 하나는 앞서 말했던 비약과 착오가 곳곳에 매복해 있기 때문이다.

생각이 논리적으로 구조화되기 위해서는 다음의 세 가지 원칙이 충족되어야 한다.

- 전제가 일치되어야 한다.
- 논리적 추론에 의해 결론이 도출되어야 한다.
- 피라미드 구조로 정리되어야 한다.

'전제'의 사전적 의미는 '어떤 사물이나 현상을 이루기 위해 먼저 내세우는 것'이다. 커뮤니케이션은 서로의 생각을 나누는 과정이기에 어찌 보면 모래판에서 서로 힘을 겨루는 씨름과 같다. 만일 각기 다른 모래판에 있다면 서로 만나 씨름을 할 수 없을 것이다. 전제가 일치되어야 한다는 것은 상대를 같은 모래판으로 끌어들이는 과정을 말한다. 전제가 일치하지 않으면 리더의 생각이 구성원의 생각으로 정확하게 전달되지 못한다.

나는 이 말을 하고 있지만, 상대는 전혀 다른 말로 이해하는 것은 전제가 일치되지 않았기 때문에 생기는 대표적인 현상이다. 전제가 일치되지 않으면 업무에도 곤란한 일이 생긴다. 리더는 '이것'을 지시했지만, 구성원은 '저것'을 할 때가 이런 경우다. 전제가 일치되기 위해서는 다음의 두 가지 사항을 확인해야 한다.

- 내가 말하고자 하는 내용의 범위가 일치하는가? (내용 범위의 일치)
- 내가 쓰고자 하는 용어 해석이 일치하는가? (용어 정의의 일치)

만일 다음과 같은 질문을 받았다면 답이 무엇일까? "쥐, 개, 코끼리 중 제일 무거운 것은 무엇일까?" 매우 쉬운 질문 같지만 사실 전제가 무엇인가에 따라 답은 완전히 달라진다. 만일 이 질문의 전제가 쥐 - 개 - 코끼리의 개별 개체에 대한 것이라면 당연히 코끼리가 가장 무거울 것이다. 하지만 이 질문이 '전 세계에 있는 개체를 합한 무게'를 전제로 내세운다면 그 답은 '쥐'가 될 것이다. 개별 개체의 무게는 코끼리가 가장 무겁겠지만 지구상 개체 수는 쥐가 코끼리와 비교할 수 없을 정도로 많을 것이기 때문이다.

이처럼 전제가 무엇인가에 따라 답이 완전히 달라지는 것이다. 따라서 리더가 생각을 논리적으로 전달하기 위해서는 자신이 말하고자 하는 내용의 범위를 상대의 것과 일치시켜야 한다.

다음으로 중요한 것은 '용어 정의의 일치'다. 현대 철학의 아버지라 불리는 윌 듀랜트(Will Durant)는 이렇게 이야기했다.

"중요한 용어를 모두 엄격하게 정의하고 음미하는 것이 논리학의 알파이고 오메가이며, 논리학의 심장이고 영혼이다. 이것은 매우 어려운 일이고 가혹한 시험이지만 일단 치르고 나면 일의 절반은 끝난 셈이다."

리더가 생각의 비약과 착오를 없애기 위해서는 자신이 쓰는 용어의 개념이 구성원의 그것과 일치하는지를 점검하고, 일치하는 용어로 사고함으로써 원활한 커뮤니케이션이 이루어지도록 해야 한다. 역사가 오래된 기업의 특징 중 하나는 자신만의 용어를 가지고 있다는 점이다. 오랫동안 커뮤니케이션을 하면서 조직 문화로 정착된 것들이다. 이런 이유로 외부인은 이들의 용어를 이해하기가 쉽지 않을 때가 있다.

그런가 하면 같은 단어도 기업마다 다르게 해석하고 활용하는 경우가 많다. 만일 경력직으로 채용되어 일을 시작했다면 가장 먼저 해야 할 일은 그 기업의 용어를 숙지하는 것이다. 이유는 간단하다. 그 회사에서 습관적으로 사용하는 용어를 이해할 수 없다면 커뮤니케이션할 수 없기 때문이다.

내용 범위와 용어 정의를 일치시키는 일은 결론적으로 '해석의 일치'를 돕기 위한 것이다. 내가 A를 말할 때 상대도 정확하게 A를 떠올리게 하기 위해서는 말하는 범위가 같고 사용하는 용어의 정의가 정확히 일치해야 한다. 즉 같은 붕어빵 틀을 사용해야 한다.

breakthrough

- 생각을 정리해 논리적으로 구조화하는 과정을 설명할 수 있는가?
- 전제가 일치되기 위해 점검해야 하는 두 가지는 무엇인가?

귀납법으로
생각의 비약과 착오를 줄인다

전제가 일치됐다면 이제 할 일은 논리적 추론이다. 앞서 밝혔듯 생각을 구조화하기 위해서는 세 가지가 필요하다. 전제가 일치되고, 논리적 추론에 의해 결론이 도출되며, 피라미드 구조로 정리돼야 한다. 리더가 생각을 정리하는 과정에서 논리적 추론을 하지 않으면 커뮤니케이션할 때 구성원에게 생각의 비약과 착오를 일으킬 수 있다. 그렇게 되면 구성원은 리더의 생각을 납득하고 동의하지 못해 결국 커뮤니케이션의 목적을 달성할 수 없다.

추론의 정의부터 알아보자. 추론의 사전적 의미는 '미루어 생각하여 논하다', '어떤 판단을 근거로 삼아 다른 판단을 이끌어낸다'라는 의미다. 우리는 늘 팩트만을 생각하지는 않는다.

그것을 배경으로 끊임없이 미래를 설계하고, 계획하고, 앞으로 어떤 일이 일어날지를 예상한다. 그리고 그 예상에 따라 시나리오를 짜고 그에 관해 대비한다. 이 모든 과정에 추론이 개입한다. 즉 추론이 없으면 우리는 생각을 앞으로 밀고 나갈 수 없으며, 생각이 나아가지 않으면 커뮤니케이션도 불가능하다.

일반적인 논리적 추론 방법은 두 가지가 있다. 바로 귀납법과 연역법이다. 고대 철학자들이 정립한 이 두 가지 추론법은 지금도 여전히 유효하며, 인류가 존재하는 한 가장 확실한 추론법이다. 우리는 이 두 가지 추론법을 이미 중학교 시절에 배웠다. 이후로도 시험 문제 등에서 접했지만, 직장 생활을 하다 보면 어떤 경우가 귀납법이고 연역법인지 헷갈릴 때가 있다. 이번 기회에 두 가지 추론법을 확실히 이해하고 응용해본다면 논리적 커뮤니케이션을 위한 뼈대를 세울 수 있을 것이다.

귀납법을 이해하려면 우선 '귀납'이라는 한자어를 충실하게 이해할 필요가 있다. '歸(귀)'라는 말은 '돌아가다, 돌아오다'의 의미다. 흔히 '귀향', '귀환' 등의 단어에 쓰인다. 모두 고향으로 '돌아오거나', 원래의 장소로 '돌아온다'라는 의미다. '納(납)'이라는 말은 '거두어들이다, 수확하다'의 의미다. 일상에서 '수납하다'라는 용어로 자주 쓰인다.

따라서 '귀납'이라는 말은 '돌아와서 수확하다', '돌아와서 거

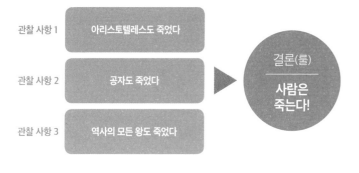

귀납법의 구조

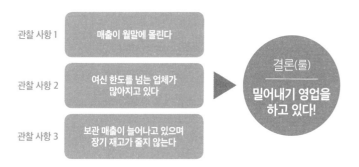

귀납법의 활용 사례

두어들인다'라는 의미라고 볼 수 있다. 이런 내용을 염두에 두고 귀납법의 정의를 살펴보면, 사실에서 시작해 특정한 결론으로 되돌아가 무엇인가를 받아들이고 결론을 내리는 것이라고 할 수 있다.

귀납법은 인간 뇌의 자연스러운 작용이며 이는 일상에서, 직장에서 수많은 경우에 활용된다. 앞의 도표를 보면 우리가 직장에서 귀납법을 어떤 식으로 활용하고 있는지를 알 수 있을 것이다.

모든 조직에는 업(業)에 맞는 다양한 룰이 있고 이 룰은 프로세스화되어 있다. 그런데 이 프로세스라는 것이 따지고 보면 그동안의 경험 혹은 다른 조직을 벤치마킹한 원칙을 룰로 정하고 자기 사업에 활용하는 것이다. '이런 일이 일어나면 상황은 이런 것이다'라고 정의된 개념으로, 귀납적 추론을 통해 결론 내려졌다. 주위의 여러 룰과 프로세스는 경험을 통해 논리적 추론으로 정리된 것이 대부분이다.

직장에서의 귀납법은 이렇듯 현재 상황의 관찰을 통해 올바른 결론을 도출해낼 수 있도록 도와준다. 귀납법의 올바른 적용은 논리의 비약과 착오의 가능성을 현저하게 낮춰주기 때문에 생각 정리에 효과적이다.

연역법과 귀납법은 하나의 틀 안에 있다

귀납법은 여러 개의 관찰 사항을 종합하여 이를 배경으로 추론을 통해 최종 결론에 이르는 방법이다. 연역법 역시 특정한 관찰 사항에서 시작해 결론으로 향하는 프로세스는 같지만, 여기에 하나의 '전제'가 개입하게 된다. 좀 더 정확하게 말한다면 관찰 사항을 기존에 알고 있던 전제와 연관을 지어 결론을 도출하는 사고법이 바로 연역법이다.

연역법도 한자로 살펴보면 좀 더 깊은 이해에 도달할 수 있다. '演(연)'은 '펴다, 늘이다, 넓히다', '역(繹)'은 '풀다, 끌어내다, 당기다'의 의미다. 결과적으로 무언가를 펴고, 늘이는 과정을 거치면서 새로운 무언가를 이끌어내는 추론법이 바로 연역법이다.

연역법의 구조를 표현한 도표를 살펴보자. 특정한 관찰 사항으로 시작해 그것을 늘이고 넓히는 과정에서 전제가 개입되고 이 둘이 결합되어 새로운 결론에 이른다. 이 점을 염두에 두고 다시 한번 연역법을 정의해보면, 관찰 사항을 기존에 증명됐던 전제(룰) 혹은 진리로 알려진 것과 비교해 새로운 관찰 사항(결론)을 도출하는 방법이다. 연역법은 흔히 알고 있는 삼단논법과도 일맥상통한다.

- 소크라테스는 사람이다. (관찰 사항)
- 사람은 죽는다. (기존에 증명됐던 룰, 진리로 알려진 것)
- 따라서 소크라테스는 죽었다. (새로운 결론)

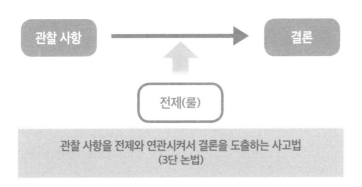

연역법의 구조

여기서 매우 중요한 것이 있다. 우리가 논리적 추론의 틀을 공부하는 이유는 생각 정리를 위한 것이다. 생각을 정리하기 위해 주요 요소를 파악하고 그 요소 사이의 인과관계를 찾아 구분하고 구조화해 결론을 도출한다. 마찬가지로 논리적 추론은 인과관계를 찾아 구분한 뒤 이를 통해 중간 결론 및 최종 결론을 찾기 위한 것이다. 따라서 귀납법과 연역법은 서로 분리된 것이 아니라는 점을 알 수 있다. 이 둘은 하나의 틀 안에서 동시에 추론이 진행되어야 하고, 이렇게 됐을 때 비로소 올바른 생각 정리를 위한 추론이 이루어질 수 있다.

연역법과 귀납법의 관계를 살펴보면 특정한 관찰 사항에서 결론에 이르기까지 연역법이 작동하고 있으며, 연역법에 전제

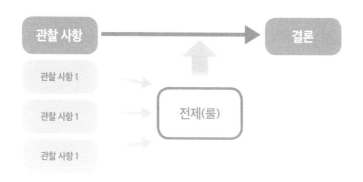

귀납법과 연역법의 관계

가 개입하고 있는데 이 전제는 다시 귀납법에 따라 도출된다. 의식적이든 무의식적이든 우리는 이런 추론 과정을 거쳐 결론에 이른다. 만일 이 과정이 제대로 진행되지 않는다면 논리적 비약이 발생하고 그 비약은 착오로 연결된다. 그 경우 생각이 논리적으로 전달될 수 없다.

breakthrough

- 연역법에 대해 구체적으로 설명할 수 있는가?
- 연역법과 귀납법이 어떻게 하나의 틀 안에서 작동되는지 설명할 수 있는가?

모든 생각, 메시지, 대화에 들어있는
철의 법칙

많은 사람이 이해와 동의를 구분하지 못한다. 생각이 다른 사람들이 커뮤니케이션을 통해 상대의 동의를 얻기는 쉽지 않다. 서로 생각이 첨예하게 맞설 때는 더욱 그렇다. 대표적으로 우리 주변의 크고 작은 협상 현장을 떠올려보면 쉽게 이해될 것이다.

동의 단계에 이르기 위해 반드시 거쳐야 하는 과정이 바로 이해 단계다. 이해 단계는 동의 단계로 가는 출입구 역할을 한다. 동의를 구하기 전에 반드시 상대를 이해시켜야 한다. 상대를 이해시키는 과정이 바로 논리적 추론 과정인 것이다. 내가 상대에게 전하는 말의 내용이 귀납적, 연역적으로 탄탄하게 연결되어야 상대를 이해시켜 동의를 구할 수 있다.

실제 설득력 있는 메시지를 던지는 과정에서 이런 귀납법과 연역법이 어떻게 작동하는지 살펴보자. 다음은 드라마 〈프레지던트〉의 한 장면이다. 주인공 장일준은 대통령 후보자로서 TV 토론회에 나왔다. 그런데 청년들로부터 많은 비난을 받는 상황이다. "정치인들이 해준 게 뭐 있나!", "당신도 마찬가지로 부패한 정치인이야!"라는 비난이 빗발쳤고 급기야 "지금 이 자리에서 국민에게 그리고 청년 실업으로 고통받는 청년들에게 사과하라"는 요구를 받는다. 하지만 장일준은 단호하게 사과를 거부하며 이렇게 말한다.

장일준: 내가 왜 사과를 해야 하죠? 사회적 약자, 아무리 공부해도 취업이 하늘의 별 따기. 다 맞는 말입니다. 하지만 여전히 전 제가 왜 사과해야 하는지 모르겠군요. 저는 정치인입니다. 대통령이 되려는 사람입니다. 대통령은 누가 만듭니까?

청년들: 그야 국민이죠.

장일준: 국민입니까? 틀렸어요. 대통령은 '투표하는 국민'이 만드는 겁니다. 정치인은 표를 먹고삽니다. 세상의 어느 정치인이 표도 주지 않는 사람들을 위해 발로 뜁니까? 다들 말은 번지르르하게 합니다. 청년 실업 해소, 청년 일자리 몇

십만 개 창출, 그러나 실제로는 어떻습니까? …

왜 그럴까요? 여러분들이 정치를 혐오하기 때문입니다. 투표하지 않는 것을 부끄러워하지 않기 때문입니다. 못 배우고 나이든 어르신들이 지팡이 짚고 버스 타고 나와 투표를 할 때 지성인을 자처하는 여러분들은 애인 팔짱을 끼고 산으로 강으로 놀러가지 않았습니까? …

영어사전은 찢어서 먹으면서 기껏해야 8장밖에 되지 않는 선거홍보물에 눈길조차 주지 않았습니다. 제 말이 틀렸습니까? 권리 위에 잠자는 사람은 보호받지 못합니다. 투표하지 않는 계층은 결코 보호받지 못합니다. 투표하십시오. 청년 실업자의 분노와 서러움을 오로지 표로서 저 같은 정치인에게 똑똑히 보여주십시오.

청년들: (감동의 박수)

감동적인 장면이다. 이런 드라마 대사에서도 논리적인 허점을 드러내면 비약이 발생하기 마련이다. 그러면 시청자가 착오를 일으키게 되고 내용이 제대로 전달되지 않아 감동을 주지 못한다. 그런 면에서 시나리오의 핵심 중 하나는 스토리가 얼마나 논리적으로 전개되는가에 있다. 아무리 논리를 알지 못하는 사람도 비논리적 상황을 접하면 이해도가 떨어질 수밖에 없

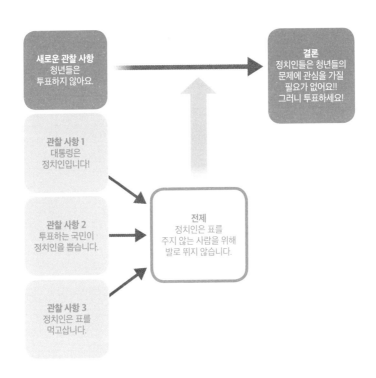

대화 속에 숨어 있는 귀납법과 연역법의 구조

다. 이해도가 떨어지면 생각이 다음 단계로 나아가지 못해 흥미를 잃게 된다. 설득이나 메시지 전달은 일상에서 흔히 일어나고 있으며 직장 내에서는 더욱더 많이 발생한다.

위의 대화에 숨어 있는 귀납법과 연역법 구조를 밝혀보자. 우선 주인공은 관찰 사항으로 '청년들은 투표하지 않는다'를 내세웠다. 그리고 전제에서 '정치인은 표를 주지 않는 사람을 위해 발로 뛰지 않는다'라는 사실을 내세웠다. 이 전제는 앞에서도 이야기했듯 기존에 증명됐던 룰 혹은 진리로 알려진 생각이다. 이런 관찰 사항과 전제를 토대로 주인공은 '정치인은 청년들의 문제에 관심이 없다. 그러니 투표해서 심판하라'는 결론을 내린다. '관찰 사항 - 전제 - 결론'으로 이어지는 전형적인 연역법의 추론 과정이다.

그런데 여기서 의심해볼 것은 전제가 과연 옳은 것인가 하는 점이다. 만일 전제가 그릇된 것이라면 결론도 틀릴 수밖에 없으므로 전제를 검증해볼 필요가 있다. 그런데 전제를 확인하는 과정은 귀납법에 따른다. '정치인은 표를 주지 않는 사람을 위해 발로 뛰지 않는다'라는 전제는 또다시 여러 가지 관찰 사항 1, 2, 3에 의해 귀납적으로 도출된 것으로서 매우 논리적인 내용이다.

결국 귀납법과 연역법은 우리의 모든 생각, 메시지, 대화에 들어있는 '철의 법칙'이다. 이것이 무한 반복되고 결론이 또다시 관찰 사항이 되고, 그 관찰 사항으로부터 새로운 전제가 도출되는 끝없는 과정이다. 생각 정리를 잘한다는 것, 착오와 비약이 없는 설득력 있는 메시지를 전달한다는 것은 곧 귀납법과 연역법을 능수능란하게 다룬다는 의미다.

breakthrough

- 당신의 생각을 상대에게 전달하고 동의를 얻기 위해 반드시 거쳐야 할 단계는 무엇인가?
- 당신이 누군가에게 전달했던 메시지를 귀납법 연역법으로 분석해볼 수 있는가?

피라미드 구조로
논리적 사고력을 키운다

생각이 논리적으로 구조화되기 위해서는 전제가 일치되고, 논리적 추론에 의해 결론이 도출되며, 피라미드 구조로 정리돼야 한다. 전제가 일치되고 논리적 추론을 거쳐 결론이 도출되면 이제 이를 피라미드 구조로 정리해야 한다. 생각의 구조화는 지금까지 줄곧 이야기했던 착오와 비약을 없애기 위한 과정이며, 설득력 있는 메시지를 전달하는 방법이기도 하다. 생각의 구조화가 이루어지면 다른 사람의 반박을 방어할 수 있는 탄탄한 결론에 도달할 수 있다.

생각의 구조화는 논리적 사고의 완성이다. 논리적 사고는 '결론'이 있고 이를 뒷받침하는 '근거'와 '사실'이 나오는 프로세스로 구성되어 있다. 최정점에 결론이 있고, 그 아래 결론이 나오게 된 근거를 제시하고, 다시 그 근거를 확인시켜주는 사실을 제시한다. 위에서부터 삼각형 구조로 논리가 전개되기 때문에 '피라미드 구조'라고 한다.

그림에서 맨 밑에는 관찰된 사실이 있으며 그것이 근거를 이루고 그 근거는 논리적 추론의 과정을 거쳐 최종적으로 결론을 향해 올라간다. 피라미드 구조에서 또 하나 알아야 할 것은 '논조' 혹은 '과제'다. 즉 무엇에 대한 답변 혹은 결론을 정리해야 하는지 확인해야 한다. 과제 혹은 논조에 대한 답변이 바로 결론이다. 결론은 내가 최종적으로 말하고자 하는 논지이며, 이는 회사에서 해결해야 할 과제에 대한 답변이라고 볼 수 있다.

이런 과정이 모두 끝나면 피라미드 구조로 생각을 정리한다. 피라미드 구조를 구성하는 주요 요소는 논리적 사고의 기본 요소인 결론, 근거, 사실이다. 근거는 이런 결론이 도출된 이유를 말하며, 사실은 다시 이런 근거를 뒷받침하는 객관적인 팩트 혹은 누가 들어도 똑같이 이해하는 사실을 말한다. 결국 출발점은 사실이고 끝은 결론이며, 이 둘을 이어주는 것은 근거라고 할 수 있다. 근거는 사실들로 추론된 중간 결론이기도 하다.

그림처럼 사실에서 시작해 중간 단계인 근거로 정리되고 그 근거들을 기반으로 결론을 도출해내는 과정에는 지켜야 할 법칙이 있다. 그것은 바로 사실들과 정리된 근거들이 나열될 때

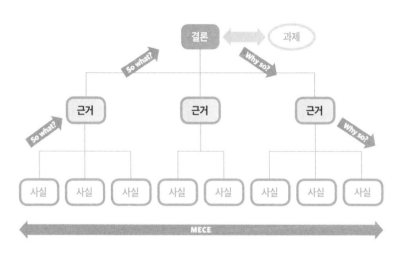

피라미드 구조

횡으로는 앞에서 살펴본 것처럼 미씨적으로 구성되어야 한다는 점이다. 즉 중복되거나 누락되지 않아야 한다. 사실 파악 단계에서 이런 문제가 생기면 논리적 사고와 커뮤니케이션 전체에 치명적인 문제가 발생한다.

피라미드 구조에서 두 번째로 중요한 것은 사실에서 근거로 가고, 근거에서 결론으로 가는 과정, 즉 밑에서 위로 올라가는 구조 사이에는 'SO WHAT(그래서)?'의 관계가 형성되어야 한다는 것이다. 따라서 실제로 피라미드 구조는 사실 → SO WHAT? → 근거 → SO WHAT? → 결론이 된다는 말이다. 최종적으로 정리된 결론을 검증하기 위해 결론에서 밑으로 내려오는 구조에서는 'WHY SO(왜 그렇게 되는 거야)?'의 관계가 형성되어야 한다. 따라서 결론 → WHY SO? → 근거 → WHY SO? → 사실의 과정을 통해 검증 가능해야 한다.

여러 가지 사실을 가지고 '그래서 그 사실들이 뜻하는 것이 무엇인가'라는 질문에 대한 답변이 '근거'가 된다. 그리고 여러 개의 근거를 통해 '그래서 여러 근거로부터 어떤 결론을 얻을 수 있는데?'라는 질문에 대한 답변이 '결론'이 된다. 결론에 대해 '왜 그런 결론이 나왔는데?'라는 질문에 대한 답변이 '근거'가 되고 '왜 이 근거가 나왔는데?'라는 질문에 대한 답변이 '사실'이 된다. 이 두 가지에 대해 합당한 답변을 할 수 있어야 피라미드 구조의 논리성이 완성된다. 그렇게 되면 횡으로는 미씨 프레임워크에 의해 '중복과 누락'을 제거하고, 종으로는 촘촘한 연관관계가 구축되어 '착오와 비약'을 제거하게 된다.

이제까지 설명한 방법은 이른바 상향식(Bottom-up) 방식이다. 사실이라는 가장 아래 단계에서 시작해 점점 위로 올라가는 방식이다. 이런 접근법은 네 가지 사항을 명심해야 한다. 첫째, 결론(논점)을 명확히 한다. 둘째, 이를 위해 사실과 정보를 수집하고 적절하게 그루핑한다. 셋째, 그루핑된 사실로부터 근거(핵심 메시지)를 추출한다. 넷째, 추출된 핵심 메시지로부터 결론을 도출한다. 다섯째, 이 모든 피라미드 구조 사이에서 아래에서 위로는 'SO WHAT?'의 관계가 맞는지, 반대로 위에서부터 아래로는 'WHY SO?'의 관계가 맞는지를 검증한다.

상향식 접근법 외에 하향식(Top-down) 방식으로 피라미드를 정리할 수도 있다. 특정한 결론(가설)을 가정하고 그 결론이 맞는지 근거를 찾고, 그 근거를 취해 사실을 검증하는 방식이다. 이런 방식은 결론을 정리하는 매우 효율적인 방법이 될 수 있다. 문제는 이 방식은 반드시 전문가처럼 경험이 많은 사람이 사용해야 한다는 것이다. 경험이 없는 상태에서 결론부터 가정하는 것은 매우 위험한 일이 될 수 있다. 정해진 결론을 위해 근거와 사실을 꿰맞출 가능성이 있기 때문이다.

breakthrough

- 피라미드 구조의 종열과 횡열 사이의 관계는 어떤 질문을 통해 확인할 수 있는가?

- 피라미드 구조를 구성하기 위해 갖춰야 할 세 가지 요소는 무엇인가?

논리적 사고를 완성하는
다섯 가지 조건

피라미드 구조를 만들 때는 다음의 다섯 가지 조건을 충족하는지를 최종적으로 점검해볼 필요가 있다.

- 내가 말하려는 것(논점 혹은 과제)이 무엇인지 정확히 알고 있는가?
- 결론(가장 하고 싶은 말)이 논점과 연결되어 있는가?
- 결론에 대한 근거가 하나 이상 준비되어 있는가?
- 근거가 객관적인 사실로 뒷받침되고 있는가?
- 전체 흐름이 상대의 관점에서 이해하기 쉬운가?

첫째로 피라미드 구조로 논리를 전개할 때는 논점이 명확해야 한다. 이는 누구나 알고 있는 상식이다. 그런데 현실에서는 자신이 어떤 이야기를 하려는 것인지 모르는 사람이 많다. 만일 당신이 "그래서 결론이 뭐야?" 혹은 "한마디로 말하면 뭔데?"라는 말을 가끔 듣는다면 이는 논점을 명확히 이해하지 못했다는 뜻이다.

논점은 상대가 듣고 싶어 하는 주제에 대한 것이다. 논점이 명확하다는 것은 특정한 질문에 대한 명쾌한 답변을 내놓는 것을 말한다. 다시 말해서 '할 것인가, 말 것인가?', '왼쪽으로 갈 것인가, 오른쪽으로 갈 것인가?'에 대한 답변이라고 볼 수 있다. 논점을 이해하지 못한 상황이라면 그 과정 모두가 삽질이 될 확률이 높아진다. 이런 이유로 대답해야 하는 처지에 있는 사람들에게 가장 중요한 것은 논점을 확인하는 일이다.

둘째로 결론과 논점이 연결되는 것도 매우 중요하다. 이것은 화살이 표적에 정확하게 꽂히는 광경을 연상하면 이해가 쉽다. 어떤 결론이 내려졌지만, 과연 그것이 서로의 의사소통에서 혹은 회의에서 제기되는 논점과 맞아떨어지는가 하는 문제다. 중요한 것은 결론을 내는 것뿐만 아니라 그 결론이 논점에 정확하게 꽂혀야 한다. 화살이 아무리 빠르게 날아간다고 하더라도 결국 표적을 맞히지 못하면 별로 의미가 없는 것과 마찬가지다.

셋째로 결론에 대한 근거는 반드시 하나 이상 들어야 하며,

보고서라면 최소 세 개 정도는 되어야 한다. 이는 하나의 '예외적인 근거'로 성급하게 결론을 내리는 문제를 방지하기 위한 일이다. 다양한 근거가 많을수록 주장의 객관성이 확보될 것이며 더욱 합리적인 의견을 개진할 수 있다.

넷째로 근거 역시 객관적인 사실에 근거해야 한다. 여기서 '사실'과 '의견'에 대한 철저한 구분이 필요하다. 사실은 현실에서 일어난 현상을 육하원칙에 따라 파악하는 것을 의미한다. 여기에 개인적인 판단이 섞여서는 안 된다. 사실 안에 개인적인 판단이 들어가면 논리적 비약과 착오가 일어날 가능성이 매우 커진다. 만일 당신의 의견에 대해 사람들이 자주 반박한다면 이는 사실의 객관성이 흔들렸다는 증거이고, 개인적인 판단이 개입되면서 논리 구조가 깨지기 시작했다는 의미다.

객관적 사실을 나타내는 대표적인 것이 데이터다. 4차 산업혁명 시대 가장 관심을 끄는 것 역시 데이터다. 사물인터넷을 기반으로 거의 모든 것이 데이터화하기 시작했고, 이 데이터들은 연결된 네트워크를 통해 어디에서든지 수집될 수 있다. 그리고 수집된 데이터는 인공지능을 기반으로 분석된다. 분석을 기반으로 사물이나 상황을 더 정확히 파악하고 예측할 수 있으므로 더욱 정교한 대응이 가능하다. 데이터는 가장 확실한 '사실'이기 때문에 데이터를 기반으로 분석한 결과에서 논리적인 결론을 도출해낼 수 있다. 이제 가능하면 데이터를 기반으로 근거를 도출하고 결론까지 내리는 노력이 필요하다.

마지막으로 중요한 것은 상대의 관점에서 이해하기 쉬워야 한다. 특정한 분야에서는 자신들만의 전문 용어를 쓰는 경우도 많고, 대중은 모르는 용어도 자주 사용된다. 이런 용어는 물론 상대가 충분히 고개를 끄덕일 수 있는 과정을 거쳐 설득력 있는 메시지가 만들어졌는지를 다시 한번 확인해볼 필요가 있다.

breakthrough

- 피라미드 구조를 완성하기 전에 최종적으로 확인해야 할 다섯 가지를 설명할 수 있는가?
- 우리 업무에서 항상 데이터를 확인해야 하는 이유는 무엇인가?

맥킨지식 보고서 작성의 비밀

맥킨지는 '컨설팅'이라는 장르를 만든 기업으로 아직도 경영 컨설팅 분야에서 부동의 자리를 차지하고 있다. 한때 세상에서 가장 똑똑하다는 친구들이 입사하는 곳이기도 했다. 이 회사에서 신입 컨설턴트에게 처음 6개월 동안 시키는 일이 있다. 바로 글쓰기를 통해 생각을 정리하는 일이다.

컨설팅 회사에서 기업의 문제 해결을 위해 하는 일은 인터뷰를 통해 문제 상황을 파악하고, 파악한 사항들을 통해 여러 가지 방법론을 적용해 핵심 문제를 도출하고, 그 핵심 문제에 대한 해결책을 제시하는 것이다. 이 과정의 결과물이 '보고서'다. 보고서를 주면서 "여기 해결책이 있으니 잘해보세요!"라고 하는 것이 컨설팅의 본질이다. 따라서 컨설팅에서 보고서 쓰기는 수익의 원천이자 사업을 이어가는 생명과도 같은 것이다. 그런데 만일 보고서가 제대로 쓰이지 않았다면 어떨까?

맥킨지에서 오랫동안 신입 컨설턴트를 대상으로 글쓰기 교육을 전담한 바바라 민토(Babara Minto)는 『논리의 기술(The Minto Pyramid Principle)』이라는 책에서 이렇게 이야기했다. "생각을 논리적으로 구조화하기 위해서는 피라미드 방식으로 정리를 해야 한다."

효과적인 커뮤니케이션이란 내 생각을 논리적으로 정리해 상대에 맞게 전달함으로써 내가 원하는 반응을 얻어내는 과정이다. 이를 위해서는 내 생각을 피라미드 구조로 만드는 과정이 필요하다.

5장.
조직의 운명을 바꾸는
지시 보고 회의 기술

intro

생각 정리가 됐다면, 이제 커뮤니케이션을 통해 구성원이 삽질하지 않도록 이끌어야 한다. 커뮤니케이션 중에서도 가장 중요한 영역에 속하는 것이 바로 지시와 보고 그리고 회의다. 이는 일 처리 과정에서 일종의 '분절점'으로 작용한다.

'지시'가 이루어지면서 일이 본격적으로 시작되고, '보고'를 통해 프로젝트가 종결되거나 새로운 방향으로 발전된다. '회의'를 통해 아이디어가 생겨나고 업무 처리 속도와 방향이 개선된다. 그런 면에서 지시, 보고, 회의라는 커뮤니케이션은 조직의 운명을 좌우할 만큼 중요한 것이다.

이번 장에서는 조직에서 매일 마주치는 회의, 지시, 보고를 어떻게 바꾸고 혁신할 것인지 알아보자. 이것은 리더에게 정신적 무장에 이은 현실적 무기를 제공할 수 있다.

조직의 크기는 리더의 크기를
넘지 못한다

제2차 세계대전 당시 미국 CIA는 적국에 침투한 스파이들에게 비밀 소책자를 배포했다. 32장짜리의 이 소책자의 제목은 『손쉬운 방해 공작 현장 매뉴얼(Simple Sabotage Field Manual)』이다. 일선 기업에서 어떻게 하면 태업을 일으켜 생산성을 낮출 수 있는지를 알려주는 책자다. 우연히 이 책자를 읽은 어떤 사람이 이런 말을 한 적이 있다.

"우리나라 기업에도 적국의 스파이들이 많이 침투해 있나봐!"

이 말은 절대 과장이 아니다. 몇몇 행동강령을 보면 당신의 회사에도 꽤 많은 스파이들이 침투해 있을 것이다.

- 모든 일은 절차에 따라 처리해야 한다고 주장한다. 신속하게 의사 결정을 하려고 지름길로 가는 것을 절대 용납해선 안 된다.
- 가능한 한 자주 연설한다. 그리고 최대한 길게 이야기한다. 자기주장의 요지를 개인적 경험과 긴 일화로 표현한다.
- 의사소통할 때 혹은 회의록이나 합의안을 작성할 때마다 정확한 문구를 갖고 딴지를 건다.
- 상대적으로 중요하지 않은 업무에 대해 완벽한 처리를 강요한다. 아주 작은 흠이라도 발견되면 다시 처리하라고 돌려보낸다.
- 최대한 회의를 자주 열고 모든 지시는 서면으로 전달한다.
- 업무 지시나 비용 처리를 할 때 요구되는 절차와 승인 과정을 늘린다. 한 사람이 승인해도 되는 일을 세 사람이 승인하도록 바꾼다.
- 일을 엉망으로 처리한 다음 장비가 나빠서 일을 제대로 못 하고 있다고 불평한다.
- 자신의 기술이나 경험을 절대 새내기 구성원이나 일을 못 하는 사람에게 전수하지 않는다.

이 같은 태업의 기술에 대해 CIA는 "적발될 가능성을 최소화하면서도 조직을 망칠 수 있는 간단한 행동이다. 미묘하지만 매우 파괴적이다"라고 자체 평가를 내놓았다.

다음은 국내 대기업에서 근무하다 퇴사한 사람이 자신의 절절한 경험담을 모아 쓴 책에 나오는 내용이다.

> 전략 기획 부서에 들어갔으나 온종일 보고서의 줄간격을 조절하고, 직원들의 보고 자료를 취합하고, 파일 바인더를 정리하고, 회의실 콘퍼런스콜 전화기를 고치는 것이 일이었다. 회의가 끝나면 참석자 이름을 파악해 직급순으로 정리한 다음 회의록을 메일로 발송했다. 이때 약간의 센스가 필요하다. 발언자별로 뉘앙스를 고려해 발표 내용을 순화하지 않으면 상사로부터 지적을 받을 수 있기 때문이다.

회의만 회사의 경쟁력을 떨어뜨리는 것은 아니다. 잘못된 지시는 구성원을 막다른 골목으로 몰아넣는다. 대한상공회의소가 2018년에 직장인 4000명을 대상으로 조사한 결과, 직장인은 '업무 방식'이라는 말에서 '비효율', '삽질', '노비'를 떠올리는 것으로 나타났다. 전체의 86퍼센트에 이르는 직장인이 이런 생각을 한다면 이미 상식으로 통용되고 있을 수 있다.

설문에 응한 직장인은 리더의 의미 없는 업무 지시, '일단 하고 보자'라는 관행, 과도한 의전과 겉치레, 무계획적인 업무 지시를 가장 큰 문제로 꼽았다. 리더의 이런 태도는 구성원을 혼란에 빠뜨리고 업무에 대한 몰입을 방해한다. 더 큰 문제는 이 과정에서 구성원의 자율성과 창의성이 사라지고 순응하고 체념하는 태도가 체화된다는 점이다.

업무 보고는 어떨까? 이 역시 많은 직장인이 어려워하는 부분이다. 조직에서 리더 역할을 맡고 있는 사람들 역시 보고를 어려워하기는 매한가지다. 핵심이 없는 보고, 시간을 들여 수십 장의 보고서를 준비하는 일, 상사의 스타일을 무시한 보고…. 이 모든 행위는 명쾌하고 신속한 보고와 결정을 방해하는 요소가 아닐 수 없다.

회의와 지시 그리고 보고는 조직 내 커뮤니케이션의 핵심이다. 이 과정이 제대로 진행되지 않으면 구성원은 삽질의 나락으로 떨어지게 되고, 번아웃을 견디다 못해 결국 퇴사를 결심하게 된다. 어느 직장인은 조직과 리더의 상호작용을 이렇게 표현했다.

"조직의 크기는 리더의 크기를 넘지 못한다."

현장에서 뼈아프게 체험한 사람만이 할 수 있는 말이다.

breakthrough

- 우리 조직은 효과적이고 효율적으로 커뮤니케이션을 하고 있는가?
- 나를 포함하여 구성원은 지시, 보고, 회의 방법을 제대로 알고 있는가?

누구에게 묻더라도
회의는 회의적이다

세상이 급변하고 있다. 그동안은 개인이나 조직의 효율성이 떨어지면 근무 시간을 늘려 성과를 맞출 수 있었다. 그 덕에 한국 직장인의 일하는 시간은 OECD 국가 중 최고 수준을 달리고 있다. 하지만 일하는 시간도 규제를 받는 시대가 됐다. 이제 조직은 생존하기 위해 시간의 효율성과 효과성을 모두 추구해야 한다.

조사에 따르면 우리 직장인은 매일 1.4회의 회의에 참석한다. '회사에 출근한다'라는 말은 곧 '회사에 회의하러 간다'라는 의미라고 해도 과언이 아니다. 하지만 직장인 누구에게 물어도 회의(會議)에 대해 회의(懷疑)적인 의견을 밝혔다. 취업 포털 잡코리아에서 직장인 1000명을 대상으로 조사한 결과, '회의에

만족하지 않는다'라고 응답한 사람이 전체의 54퍼센트에 달했다. 상당수 직장인이 회의에 대해 불만을 품고 있다는 뜻이다. 그 이유가 무엇일까?

직장인이 뽑은 불만족스러운 회의 유형은 다음과 같다.

- 상사의 이야기를 듣고만 있는 수동적인 회의
- 결론 없이 흐지부지 끝나는 회의
- 회의 진행과 구성이 비효율적인 회의

이런 회의를 건설적이고 생산적으로 바꿀 수 있는 사람은 오직 리더뿐이다. 리더가 잘못된 회의 방식에 대해 각성하지 않는 이상, 회의를 회의하는 악순환은 계속될 수밖에 없다. 회의를 혁신하고 싶다면 낭비를 없애 효율성을 높이고, 불필요한 회의를 줄여 효과성을 끌어올려야 한다. 일단 회의 그 자체를 줄여야 한다. 그리고 기왕 하는 회의라면 목적에 맞게 효과를 극대화해야 한다.

일반적으로 회의에는 정보 공유 회의, 아이디어 회의, 의사 결정 회의의 세 가지 유형이 있다. 이 가운데 필요 없는 회의는 무엇일까? 어떤 회의가 필요한지 아닌지는 어떤 기준과 근거로 알 수 있을까? 회의의 정의를 살펴보면 된다. '회의'라는 말

자체는 '모여서(會) 의논하다(議)'라는 의미다. 이런 정의에 비추어볼 때 꼭 필요한 회의의 기준은 두 가지다. "과연 모일 이유가 있는가"와 "논의할 필요가 있는가"이다. 두 가지 조건을 만족하지 못하는 회의라면 불필요한 회의라고 단정해도 무방하다. 일방적으로 정보를 공유하고 지침을 전달하는 회의라면 메일이나 사내 게시판 혹은 간단한 조회만으로도 충분하다.

반드시 모여서 의논할 필요가 있는 회의는 생각을 교류하는 회의다. 각자가 가진 생각과 아이디어를 자유롭게 풀어놓고 조율하고 결정하는 회의가 진정으로 '모여서' '논의할 만한' 회의인 것이다.

breakthrough
- 우리 조직의 회의는 효율적이고 효과적으로 진행되는가?
- 구성원의 회의 참여 의지와 열정은 어느 정도라고 여겨지는가?

회의를 좀먹고 멍들게 하는
낭비 요소를 없앤다

통상적인 회의 중에 '의사 결정을 하는 회의'가 있다. 이 회의는 생각을 교류하는 회의에 속할 수 있다. 만일 그렇다면 의사 결정을 하는 회의 역시 꼭 필요한 회의일까?

조직의 규모와 무임승차

조직에서 어떤 일에 참여하는 사람이 많을수록 오히려 더 나쁜 결과가 나올 수 있다. 일명 '방관자 효과' 혹은 '링겔만 효과'가 나타나기 때문이다.

프랑스 심리학자이자 농업공학자인 막시밀리앙 링겔만 (Maximilien Ringelmann)은 구성원 수와 조직력의 상관관계를 알아보기 위해 줄다리기 실험을 했다. 처음에는 일대일로 줄다리기를 하다가 두 명씩, 이어 세 명씩 팀을 이루어 참여하게 했다. 이런 식으로 최대 여덟 명이 한 팀이 되어 줄다리기한 결과 참여하는 사람의 숫자가 많아질수록 개인이 쏟는 힘이 줄어든다는 사실이 확인됐다. 일대일 줄다리기에서는 각자가 가진 힘의 100퍼센트를 쏟았지만, 두 명이 한 팀이 되자 93퍼센트, 세 명이 되자 85퍼센트로 줄어들었으며 여덟 명이 참여하자 49퍼센트까지 떨어졌다. 이 실험 결과는 참여하는 사람이 많으면 온전히 전력을 다하지 않고 타인에게 묻어가려는 성향이 생긴다는 사실을 보여준다.

사실 조직에서 의사 결정은 매우 중요한 영역이다. 구성원은 과연 그 과정에 성실하게 참여할까? 이는 다수가 줄다리기에 참여했을 때 각자가 가진 힘의 49퍼센트밖에 쓰지 않는 것과 같은 결과를 부른다. 흔히 '무임승차'라고 하는 효과가 나타나는 것이다. 서로 책임을 미루게 된다. 대개 리더는 의사 결정을 앞두고 구성원의 의견을 묻는다. 이 경우 다수의 의견을 들을 수 있지만 의사 결정은 리더의 고유한 영역이다. 어쩌면 회의를 통해 의사 결정을 한다는 생각 자체가 잘못된 것일 수 있다. 의사 결정 회의가 아니라 의견 조율 회의는 충분히 가능하다.

그런 면에서 조직에 필요한 회의는 두 가지로 정리할 수 있다. 하나는 마음껏 생각을 발산하는 아이디어 회의, 다른 하나는 각자 의견을 내고 그 적합성을 토의하는 의견 조율 회의다.

얼마짜리 회의인가

회의를 좀먹는 낭비 요소에는 시간 낭비와 준비 과정에서 생기는 발생하는 겉치레가 있다. 이것은 회의의 본질과는 무관하며 회의의 질을 떨어뜨리는 부정적인 요소다.

시간 낭비를 줄이기 위해서는 무엇보다 '회의 시간 자체가 돈'이라는 마인드를 조직에 전파하는 것이 중요하다. 국내 한 대기업은 참석자의 직급별로 회의 시간을 비용으로 환산해 "지금 이 회의는 얼마짜리다"라고 명시하고 회의를 시작했다. 그러자 참석자들의 태도가 바뀌면서 회의가 밀도 있게 진행됐다. 때로 회의 시간에 지각해 자신은 물론 타인에게 시간적 손실을 입히는 사람도 있다. 조사 결과에 따르면 회의에 가장 많이 늦는 사람은 회의 주재자인 것으로 밝혀졌다. 이런 문제를 발견한 인텔은 회의에 지각하면 무조건 회의실 출입을 금한다.

회의 준비 과정에서 생기는 형식적인 겉치레의 대표적인 사례가 방대한 회의 자료와 화려한 프레젠테이션 자료다. 앞서 소개한 프록터앤드갬블의 앨런 래플리 회장은 직원들에게 보고서 분량을 최대한 줄이라고 지시하는 것으로 알려졌다. 시간 낭비를 줄이고 회의 참석 전에 안건에 대한 충분한 이해를 유도하고자 한 조치다. 한편 전 모토로라 CEO 에드워드 잰더(Edward Zander)는 "지금 당장 파워포인트를 끄시오. 나는 당신의 생각이 듣고 싶은 것입니다"라고 말하며 내부 회의에서 프레젠테이션을 금지하여 화제가 됐다.

프레젠테이션은 준비하는 과정에서 많은 시간이 소모될 뿐만 아니라 토론을 방해하는 역기능이 나타난다. 아이디어 개진과 의견 조율 과정에서는 토론이 필수인데 프레젠테이션에만 집중한다면 토론이 제대로 될 리 만무하다.

breakthrough

- 리더로서 자신이 주관하는 회의에 늦은 적이 있는가?
- 당신이 주재하는 회의는 경제적으로 어느 정도의 비용이 소요되는가?

주관자가 될 것인가, 방관자가 될 것인가

회의의 효과를 끌어올리기 위해서는 무엇보다 리더가 사전에 회의 목적을 구체적이고 명확하게 밝히는 것이 중요하다. "어이 김 과장, 회의 준비해" 하는 식으로 막연하게 지시하는 것은 가장 대책 없는 회의 준비 방법이다. 이 경우 무엇을 위해, 왜 회의를 하는지에 대한 정보가 없기에 '회의를 위한 회의'로 전락할 가능성이 크다.

회의 준비를 지시할 때는 회의 목적을 명확하게 알려주는 것이 좋다. "매출 부진의 원인을 찾기 위해 글로벌 시장 동향에 관해 토론하는 회의가 다음 주 목요일에 있습니다. 지난 6개월 동안의 시장 변화에 대해 5분짜리 발표를 준비해주세요." 이 경우 회의의 방향과 목표 그리고 발표 시간까지 구체적으로 명시되어 있으므로 회의 준비가 매우 효과적으로 이루어질 수 있다.

다음으로 리더는 회의의 성격에 따라 다른 리더십을 발휘해야 한다. 의견 개진을 유도하는 아이디어 회의에서는 리더가 부드럽고 유연한 자세로 회의를 주도해야 한다. 이때 다음 네 가지 원칙을 지킨다면 구성원이 의견을 자유롭게 개진할 수 있다.

- 직급 파괴를 통해 자유로운 분위기를 조성한다.
- 우뇌를 자극하여 다양한 의견이 나오게 한다.
- 브레인스토밍 원칙을 철저하게 지킨다.
- 리더는 멍석만 깔고 뒤로 물러난다.

아이디어 회의에서는 모든 구성원이 소위 '계급장'을 떼고 토론에 임하며 이사와 대리의 의견이 동등하게 취급되어야 한다. 현실에서는 직급이 있지만, 아이디어에는 직급 따위가 없다.

우뇌를 자극하고 개방적인 분위기를 조성하기 위해 사전에 커피를 돌리거나 음악을 틀어놓는 것도 중요하다. 실제로 외국에서 이와 관련된 실험을 한 적이 있었다. 구성원을 두 그룹으로 나눈 후 한 그룹에는 차가운 커피를, 다른 그룹에는 따뜻한 커피를 준 후 구성원 면접을 보게 했다. 그 결과 따뜻한 커피

그룹 구성원의 채용률이 무려 3.5배나 높았다. 이는 따뜻한 커피가 우뇌를 자극하고 개방적인 태도를 보이게 함을 의미한다.

브레인스토밍은 개방적인 장소에서 하는 것이 좋다. 뇌과학자들에 따르면 의견을 자유롭게 개진할 때는 넓은 장소가 좋고, 의견을 수렴할 때는 좁은 상소가 유리하다. 조직에서 가장 자주 범하는 실수 중 하나가 브레인스토밍을 하는데 구성원을 작은 회의장에 가두는 것이다. 이는 리더의 무지함을 드러내는 일이다.

아이디어 회의를 할 때 리더는 완전히 뒤로 물러나야 한다. 리더가 회의에 개입해서 무엇이 좋다, 나쁘다를 말하는 순간 구성원의 아이디어 개진에 급제동이 걸린다.

한편 아이디어의 적합성을 토론하는 의견 조율 회의에서는 리더가 약간의 카리스마를 발휘해야 한다. 이런 회의에서는 리더가 퍼실리테이터가 되어 다음 세 가지 역할을 해야 하기 때문이다.

- 아이디어를 논리적으로 검증한다.
- 건전한 갈등을 조장해 아이디어의 허점을 파악한다.
- 만장일치의 함정을 피한다.

의견 조율 회의는 아이디어 회의와는 성격이 전혀 다르다. 여기서 조율된 의견들은 의사 결정에 직접적인 영향을 미칠 수 있으므로 논리적으로 철저하게 검증해야 한다. 결론에 따른 근거와 사실이 논리적이고 합리적인지 리더가 끊임없이 검증해야 한다. 이때 앞에서 살펴본 'WHY SO?', 'SO WHAT?' 그리고 '미씨적인가'의 세 가지 프레임워크를 사용할 수 있다.

의견 조율은 무조건 받아들이는 과정이 아니므로 건전한 갈등을 조장하는 것이 필요하다. 워런 버핏은 건전한 갈등을 조장하는 데 있어 달인이었다. 그는 '데블스 에드버킷(Devil's Advocate, 악마의 대변자)'을 철저하게 활용한 것으로 유명하다. 데블스 에드버킷은 의도적으로 반대 의견을 말하는 사람이다. 이 사람은 버핏이 투자하려는 모든 사안에 대해 사사건건 반대 논리를 제시해야 한다. 만일 버핏이 그의 말에 설득되어 투자를 포기하면 그는 큰 보너스를 받게 된다. 반대하는 이유를 모르고 투자했을 경우 발생할 수 있는 손실을 방지해준 대가로 그에 상응하는 보너스를 주는 것이다.

이처럼 건전한 갈등은 한쪽으로 치우치는 편향이나 왜곡, 착오를 방지해준다. 의견 조율 회의에서 리더는 이쪽과 저쪽의 논리를 부각하면서 서로 대립하는 상황을 조성하여 비합리적인 부분이 검증되도록 유도해야 한다.

만장일치가 일어나지 않도록 조율하는 것도 중요하다. 여러 사람이 모여 만장일치로 결정했다는 것은 모든 사람의 생각이 완벽하게 같다는 뜻이라기보다는 몇몇 사람이 압박 때문에 어쩔 수 없이 동의한 것으로 볼 수 있다.

회의의 효과를 끌어올리기 위한 마지막 방법은 회의 내용을 잘 정리하는 것이다. 회의를 시작할 때는 이전 회의에서 합의된 내용을 점검하여 기억을 환기시키고, 회의를 마칠 때는 회의에서 합의된 내용을 재확인해야 한다. 회의가 끝나면 회의가 본래 목적대로 진행됐는지를 평가하는 과정을 거친다.

조직에서 가장 비싼 자원은 구성원의 시간이다. 그런 면에서 회의는 가장 큰 비용이 소모되는 일이다. 리더가 먼저 솔선수범하여 회의에서 합의된 내용을 실행해야 구성원이 회의를 가볍게 여기지 않고 회의 내용에 책임감을 느낀다. 이런 태도가 회의를 혁신하는 과정을 완성한다.

breakthrough
- 이제까지 당신은 회의의 주관자였는가, 방관자였는가?
- 회의 성격에 따라 리더의 역할을 설명할 수 있는가?

보고받는 사람의 성향을
파악하는 것은 필수다

수시로 구성원의 보고를 받는 리더도 상사에게 보고해야 한다. 잘하는 보고는 단번에 오케이를 얻어낼 수 있지만, 두서없는 보고는 상사의 짜증만 부르게 된다. 효과적인 커뮤니케이션은 생각을 잘 전달하여 자신이 원하는 반응을 얻어내는 것이다. 보고의 경우 보고를 받는 사람이 의사 결정권을 가지고 있으므로 무엇보다 상대의 성향을 파악하는 것이 중요하다.

사람의 성향을 분석하는 기법은 여러 가지가 있지만, DISC 성격유형만 알아도 상사의 유형을 빠르게 파악할 수 있다. 심리학자 윌리엄 몰턴 마스턴(William Moulton Marston)이 1928년에 고안한 이 방법은 외향성 – 내향성, 업무지향성 – 관계지향성의 두 가지 기준에 따라 사람을 네 가지 부류로 구분한다.

- **주도형(Dominance)**: 외향적이고 업무지향적이다.
- **사교형(Influences)**: 외향적이고 관계지향적이다.
- **안정형(Steadiness)**: 내향적이고 관계지향적이다.
- **신중형(Conscientiousness)**: 내향적이고 업무지향적이다.

한 가지 성향만 가진 사람은 없으며, 상황에 따라 네 가지 성향 중 하나가 강하게 나타난다. 대체로 그 사람의 성향을 결정하는 주된 성향이 있지만, 주도형이라 해도 신중형의 특징을 보이며 사교형인 듯하면서 주도형일 수 있다. 칼로 무 자르듯 단번에 정의할 수 없는 것이 현실이다. 따라서 대체적인 경향성으로 파악하는 것이 좋다.

사람의 성향을 파악할 때는 느낌을 우선하는 것이 좋다. 예를 들어 주도적인 새라고 하면 어떤 새가 떠오르는가? 독수리가 떠오르지 않는가? 사교적인 새라면 사람과 조잘조잘 대화하는 앵무새가 적격일 것이다. 신중하면서 표정이 잘 변하지 않는 새는 올빼미가 어떨까? 마지막으로 안정형은 평화의 상징인 비둘기가 적합해 보인다.

이것은 단순히 느낌에 불과할 수 있지만, 이 느낌이 사람의 성향을 판단하는 데 중요한 기준이 될 수 있다. 상사에게 어떤 성향인지 대놓고 묻는 것은 현명한 방법이 될 수 없다. 상사도 자신의 성향이 어떤지를 알지 못할 가능성이 크기 때문이다. 대다수 사람은 자기를 잘 모른다. 바쁜 생활에 쫓기다 보면 자기를 잊고 살기 마련이다. 심리학자들이 고안한 분석법을 익히면서 자기만의 기준을 마련해가는 것이 최선이다. 눈을 감고 조용히 상사의 말과 행동 습관을 떠올려보면서 그가 어떤 성향인지 생각해보자.

breakthrough

- 왜 상대에 맞게 보고하는 것이 중요한지 설명할 수 있는가?
- DISC 성격유형의 네 가지 유형과 그 특징을 설명할 수 있는가?

주도형 상사에겐 단순명료,
사교형이라면 부드럽게!

'지피지기면 백전불태'라는 손자의 가르침은 상사에게 보고할 때도 그대로 적용된다. 상사에 대해 구체적으로 알고 자신의 능력과 힘을 잘 알면 언제나 성공할 수 있다. 상사의 유형을 파악했다면 이제 성격유형에 맞는 보고 방법을 알아볼 차례다.

주도형 상사는 업무 중심으로 단순명료하게

외향적이고 업무지향적인 주도형 상사는 추진력이 강하고 일을 잘 벌인다. 독단적인 성향이 강하고 다른 사람의 감정을 중요하지 않게 생각한다.

이런 성향의 상사에게는 무엇보다 수시로 보고하는 것이 중요하다. 자기주도적으로 일하기 위해서는 항상 최신 정보가 업데이트되어 있어야 하기 때문이다. 보고할 때는 자신감 있게 말하는 것이 좋다. 이들은 도전과 모험을 좋아하기 때문에 자신감이 넘치는 사람을 좋아한다. 복잡하고 난해하게 말하는 것은 금물이다. 이들은 속전속결을 좋아하기 때문에 생각하는 것을 싫어하며 곧바로 이해하고 싶어 한다.

직장에서는 자유롭게 상사를 선택할 수 없다. 주도형 상사를 만났을 때는 철저하게 일 중심으로 관계를 맺는 것이 좋고, 보고할 때도 일의 진행 과정과 성취 정도에 초점을 맞추면 한결 편안하게 지낼 수 있다.

사교형 상사는 보살핀다는 생각으로 부드럽게

외향적이고 관계지향적인 사교형 상사는 다른 사람과의 관계나 함께 어울리는 것을 좋아한다. 거절당하는 것을 두려워하고 압박받는 상황에서는 일에 집중하지 못한다.

이런 성향의 상사는 팀 중심의 사고를 매우 중요하게 생각하며, 지나치게 일을 중심으로 대하면 부담스러워할 수 있다. 따라서 사교형 상사에게 보고할 때는 분위기를 살피는 것이 중요하며, 부드럽고 편안한 자세로 보고하는 것이 좋다. 차를 한잔

하면서 자연스럽게 보고하는 것이 대표적인 방법일 것이다.

또한 이들은 업무 스트레스에 시달리는 것을 싫어하기 때문에 자신이 아이디어를 주면 구성원이 알아서 실행하기를 원한다. 업무에 관해 이야기하다 보면 최악의 상황에 대한 시나리오도 있어야 하고 예상 가능한 악재에도 대비해야 한다. 하지만 이런 일을 지나치게 강조하면 오히려 구성원이 그 일을 잘 처리할 수 있을지 걱정하게 된다. 이는 사교형 상사에게 또다른 스트레스가 된다.

가장 주의해야 할 점은 상사의 아이디어에 부정적으로 반응하지 않는 일이다. 상사의 아이디어에 대해서는 최대한 에둘러 의견을 피력해야 한다. 사교형 상사는 상사를 '보살핀다'라는 관점에서 대하는 것이 유용하다.

안정형 상사에게 아랫사람 험담은 금물

내향적이고 관계지향적인 안정형 상사는 말 그대로 안정을 추구한다. 예측 가능하고 일관성 있게 행동하고, 안정이 깨지거나 변화하는 것을 두려워한다.

이런 성향의 상사에게 변화란 두려운 존재이며, 팀이 견고해야 나의 안정도 보장된다고 생각한다. 자신에게 과도한 책임이 부여되는 것을 싫어하고, 맡은 일을 알아서 처리하는 구성원을 선호한다. 따라서 안정형 상사에게 보고할 때는 맡은 일을 책임지고 처리하겠다는 적극적인 모습을 보이는 것이 좋다.

이들에게는 구성원의 개인적인 문제를 부각해서는 안 된다. 보고하다 보면 일뿐 아니라 팀의 현재 상태나 팀원들에 관한 이야기가 나올 수 있다. 이때 팀원들을 험담하거나 약점을 비난하면 이를 팀의 균열로 인식하고 그런 보고를 한 사람에게 좋지 않은 인식을 갖게 된다.

신중형 상사에게 지나친 확신은 마이너스 요인

마지막으로 내향적이고 업무지향적인 신중형 상사는 치밀하고 꼼꼼하며 데이터나 자료를 중시한다. 그만큼 의사 결정이 느리고 일에 대한 다른 사람의 비판을 두려워한다. 어떻게 보면 이런 유형의 상사가 가장 대처하기 힘들 수 있다.

일에 집중하고 성과를 지향한다는 점에서 이들은 주도형 상사와 비슷한 성향을 보인다. 하지만 분석력이 뛰어나고 비판적인 성향이 강하다는 점에서 좀 더 까다롭다. 따라서 이런 유형의 상사에게 보고할 때는 보고 내용도 중요하지만 절차와 형식도 지켜야 한다. 체계적이고 꼼꼼한 스타일을 좋아하므로 만일 보고서가 체계적이지 않다면 아예 보고하지 않는 것이 좋다. 이런 성향에 맞추려면 철저한 준비가 필수이며 반드시 예상 질문에 대비해야 한다.

신중형 상사는 무엇이든 주의 깊게 살피기 때문에 지나친 자신감이나 확신을 보이는 것은 좋지 않으며, 감정적인 태도를 보여서도 안 된다.

breakthrough

- 당신의 상사와 구성원을 DISC 성격유형에 따라 분류할 수 있는가?
- DISC 성격유형의 네 가지 상사 유형별로 보고법을 설명할 수 있는가?

결론에 관한 근거와 사실이 있어야
논리가 선다

상대의 성향에 맞게 보고하는 방법을 알았다면 다음으로 어떻게 상대에게 알기 쉽게 보고할 것인지 고민해야 한다. 보고할 때는 알기 쉽게 전달해야 보고의 설득력이 높아지고 상대가 신속하게 결론에 이를 수 있다. 보고뿐만 아니라 지시, 회의, 강연 등 모든 커뮤니케이션에서 가장 중요한 점이다.

상사에게 보고하거나 동료를 설득할 때 적용할 수 있는 논리적 사고 기법이 PREP이다. PREP는 Point(결론, 요점) – Reason(근거, 이유) – Example(사실, 사례) – Point(결론, 요점)의 약자다. 결론을 말하고 그에 대한 이유를 설명하고 사례와 근거를 들어 다시 결론을 말하는 방식으로 전개된다. 논리적 사고에는 결론, 근거, 사실이 요구된다. 이 세 가지 요소가 하나의 덩어리를 이루어 피라미드 구조를 만들고 설득력을 높이는 강력한 에너지를 발산한다. PREP 기법에 충실한 말하기는 전달하고자 하는 이야기의 결론에 대한 이유와 근거가 있으므로 상대가 쉽게 수긍할 수밖에 없다.

회의에서 한 임원이 안건에 반대하면서 이렇게 말했다고 해보자. "저는 이 안건에 반대합니다! 이건 하나 마나 실패할 겁니다! 제 경력으로 보장합니다!" 이런 이야기를 들으면 경영자는 어떻게 생각할까? 누구라도 "왜?"라고 반문할 것이다.

그의 말에 결론은 있지만, 이를 뒷받침하는 신뢰할 만한 근거와 사실이 없다. 주장을 펼치면서 자신의 경력을 근거로 내세우는 것은 빈약하기 짝이 없는 논리다. "내가 살아보니까 말이야~"라는 식의 전형적인 꼰대 어법이기도 하다. 이런 말로는 신입사원도 설득하기 힘들다. PREP 기법이 적용된 커뮤니케이션을 살펴보자.

- 저는 이 안건을 재고해야 한다고 생각합니다. (결론)
- 우리 회사에서 이 안건을 채택하기엔 위험 부담이 크기 때문입니다. (이유)
- C사는 그 방법으로 매출을 올리는 데 성공했다는 보고가 있었지만, 우리와 C사는 규모와 고객층이 다릅니다. (사실)

• 이 안건을 채택하려면 그 점에 대해 충분한 검토가 필요합니다. (다시 결론)

한눈에 봐도 PREP 기법에 의해 메시지가 논리정연하고 설득력 있게 정리돼 있음을 알 수 있다. 이 말에는 '위험 부담'이라는 객관적 이유가 있으며 다른 회사의 사례도 인용됐다. 그의 주장이 옳든 그르든 간에 듣는 사람은 일단 고개를 끄덕일 수밖에 없다. PREP 기법은 이야기하고자 하는 결론에 대해 근거와 사실을 제시하기 때문에 매우 논리적인 커뮤니케이션 방식이다.

breakthrough

• 논리적 구조화에 대해 설명할 수 있는가?
• 피라미드 구조와 PREP 기법이 어떤 관계인지 설명할 수 있는가?

왜 리더들은 결론부터 말하라고 할까

PREP 기법의 P(Point)는 요점을 말한다. 일본의 카피라이터 가와카미 데쓰야(川上徹也)는 『일언력(一言力)』이라는 책에서 이 요점을 '한마디의 힘'으로 해석한다. 사람들은 한마디의 간단한 정리를 좋아한다. 바쁜 조직일수록 자주 들을 수 있는 이야기다. 높은 자리에 있는 분들이 자주 하는 말이기도 하다. 구구절절한 설명보다는 결론부터 듣고 싶어 한다. 이런 말을 들으면 어떤 사람은 '사장의 성질이 급해서 그래'라고 생각하거나 '대표가 결론부터 듣는 것을 좋아하는군'이라고 판단할 수도 있다. 이런 생각과 판단은 부분적으로 맞지만 정답은 아니다.

우리는 상황을 한마디로 정의된 말로 듣고 싶어 한다. 사랑하는 연인의 귀여운 수다가 아니라면 복잡하고 구구절절한 설명을 듣고 싶은 사람은 없다. 리더에게 보고할 때도 짧고 명쾌하게 한마디로 정리하는 것이 좋다. 그렇다면 리더들은 왜 이렇게 짧고 명쾌한 한마디를 강조하는 것일까? 이는 그들이 바쁘기 때문이기도 하지만 우리 뇌 자체가 인지적 구두쇠(cognitive miser) 현상을 보이기 때문이다.

인간은 인지적으로 많은 에너지를 소비하면서 어떤 생각을 깊게 하는 것 자체를 싫어하는 성향이 있다. 이 때문에 한 번 형성한 고정관념이나 편견에서 쉽게 빠져나오지 못한다. 우리 뇌가 어떤 생각을 깊게 하는 것을 싫어하는 데는 생리학적으로 명확한 이유가 있다. 뇌는 인체에서 에너지를 가장 많이 소비하는 곳이므로 빨리 결론을 내고 쉬고 싶은 것이다. 이런 뇌의 속성이 인지적 구두쇠 현상을 일으킨다.

당나라에서는 인재를 선발할 때 신언서판(身言書判)을 기준으로 삼았다. 가장 먼저 나오는 '신(身)'은 겉으로 보이는 용모 혹은 신수를 말한다. 겉으로 보이는 모습을 보고 당락 결정의 대부분이 끝난다고 한다. 물론 말과 글과 판단력도 봤겠지만, 이미 결정한 결론을 검증하는 과정으로 활용한다. 심리학에서는 이를 '초두 효과'라고 한다. 먼저 제시된 정보가 나중에 수집한 정보보다 더 강력한 영향을 미치는 현상을 의미한다.

인지적 구두쇠 효과와 초두 효과에 의해 우리는 '왜 보고를 할 때 결론부터 이야기해야 하는가'라는 질문에 답할 수 있다.

첫째로 우리 상사들은 보고하는 사람보다 훨씬 많은 문제로 뇌를 혹사하고 있다. 뇌가 이미 지쳐 있으므로 빨리 결론을 듣고 쉬고 싶은 강한 욕구가 작동하는 것이다. '제발 내 뇌를 피곤하게 하지 마라!'라는 경고라고 볼 수 있다.

둘째로 결론부터 이야기하면 초두 효과에 따라 상대의 머릿속에 강한 인상을 심어줄 수 있다. 다시 말해 결론부터 이야기하는 것이 더 설득력을 높일 수 있다. 아인슈타인은 "여섯 살짜리 아이에게 알아들을 수 있도록 설명할 수 없다면 당신도 이해하지 못한 것이다"라고 말했다. 무조건 쉽게 이야기해야 한다. 어느 정도로? 여섯 살짜리에게 이야기해도 알아들을 수 있도록.

인지적 구두쇠 현상 외에도 보고할 때 결론부터 이야기해야 하는 이유가 또 있다. 결론부터 이야기하지 못하는 이유는 핵심을 잘 알지 못하거나 자신감이 없기 때문이다. 결론부터 이야기하지 않고 주변을 맴도는 이야기만 하면 보고받는 상대는 보고하는 사람이 핵심을 잘 알지 못하거나 자신감이 없는 것으로 간주한다. 그렇게 되면 보고 목적을 달성할 수 없게 된다. 누가 잘 알지도 못하고 자신감이 없는 보고를 신뢰하겠는가.

- 인지적 구두쇠 현상에 대해 설명할 수 있는가?

- 결론부터 이야기해야 하는 이유를 효과적 커뮤니케이션의 정의에 따라 설명할 수 있는가?

이유 같지 않은 이유를 경계한다

PREP에서 R(Reason)은 이유다. 이유라는 것은 보고하는 사람이 제시한 결론에 대해 '왜?'라는 질문을 제기하고 대답하는 과정이다. 논리의 사전적 의미는 '말이나 글에서 사고나 추리 따위를 이치에 맞게 이끌어가는 과정이나 원리'를 뜻하는 말이다. 논리가 촘촘하게 연결되어 있을 때 상대가 내 이야기나 생각을 받아들일 수 있다. 결국 논리와 논리가 연결되어 고리가 만들어져야 하는데, 이 연결 고리를 작동시키는 역할을 하는 것이 '이유' 혹은 '근거'다.

따라서 이유나 근거가 약하면 논리와 논리 사이의 연결 고리가 느슨해져 설득력이 떨어진다. 이때 위장된 이유에 주의해야 한다. 위장된 이유는 이유 같기는 하지만 사실은 진짜 이유가 아닌 이유를 말한다. 다음 문장들을 살펴보자.

- 수익성 강화를 위해 신제품을 개발해야 합니다. 왜냐하면 지난 3년간 신제품이 출시되지 않았기 때문입니다.
- 당사의 판매 부진 원인은 시대 흐름을 파악하지 못했기 때문입니다.
- 신사업을 시작해야 합니다. 이번에도 열심히 한다면 성공할 것이기 때문입니다.

첫 번째 문장은 소위 '공자님 말씀'이다. 맞는 말이기는 하지만 너무도 당연해서 문제를 해결하는 데 도움이 되지 않는다. 쉽게 말하면 하나 마나 한 이야기다. 상대는 세상 사람들이 다 아는 말을 들으려고 일부러 시간을 내서 내 이야기를 듣고 있는 것이 아니다. 지난 3년간 신제품을 개발하지 않았기 때문에 신제품을 개발해야 한다는 말은 코미디 프로그램에나 나올 이야기로, 회사에서 중요한 사안을 결정하는 자리에는 적합하지 않다. 만일 고위 직급에 있는 분이 이런 말을 한다면 그분의 자질을 의심해볼 필요가 있다. 어떤 문제 때문인지 모르겠으나, 이 회사는 3년간 신제품을 출시하지 않았다는 사실을 지적하는 정도에 불과하다.

두 번째 문장 역시 언뜻 보기에는 판매 부진에 대한 이유를 제시한 것처럼 보인다. 그런데 이 말에는 납득할 만한 요소가 부족하다. 다시 말해 이것도 하나 마나 한 이야기인 것이다. 시대 흐름을 잘못 파악한 것이 원인이 아니라 왜 시대 흐름을 파악하지 못했는지 그리고 어떻게 개선할 것인지 그 방법을 상대는 듣고 싶어 한다. 판매 부진의 이유를 시대 흐름과 연결하는 것은 거대 담론을 끌어들이는 격으로 논리의 비약에 해당한다. 이런 말로는 문제에 대한 해결책을 찾기 힘들다. 예를 들어 판매 부진의 이유로 "최근의 단순함을 강조하는 디자인 흐름에서 도태됐다"라든지 혹은 "다른 회사가 1+1 마케팅을 하는데 우리는 동참하지 않았다"와 같은 매우 구체적인 진단이 필요하다. 지나치게 거대한 이유는 이유가 아니라 회피 수단에 지나지 않는다.

세 번째 문장 역시 이유라고 볼 수 없다. 신사업을 시작해야 하는 구체적인 이유가 제시되지 않았을뿐더러 개인의 의지만이 강조되어 있다. 사업은 냉철한 사고가 필요하다는 점을 고려한다면 개인의 의지만으로 제대로 될 리 없을뿐더러, 이런 식으로 보고하는 것도 의미가 없다.

강의장에서 위의 세 가지를 설명할 때면 많은 사람이 '정말 저런 보고가 있을까' 하는 의심의 눈길을 보낸다. 실제 조직에서 사업상의 문제를 토론하다 보면 위와 같은 사례를 자주 목격할 수 있다. 경험 많은 사람들이 왜 저런 어처구니없는 실수를 저지를까? 모르기 때문이다. 논리적 사고의 틀을 모르기 때문에 스스로 속고 있는 것이다.

breakthrough

- 이유나 근거가 약하면 설득력이 떨어지는 이유를 설명할 수 있는가?
- 왜 이유 같지 않은 이유, 즉 위장된 이유를 조심해야 하는가?

더 효과적인 설득을 위하여

PREP의 E(Example)는 사례다. 이 단계에서 가장 중요한 것은 납득성이다. 납득이란 무언가를 이해하고 받아들일 수 있다는 뜻이다. 이는 좋아하고 동의한다는 말과는 다른 의미다. 동의하기 위해 반드시 거쳐야 하는 단계가 바로 납득이다. 납득성을 높이기 위해 가장 중요한 것은 내용이 얼마나 객관적인가 하는 점이다. 사례는 납득성을 높이는 좋은 도구가 될 수 있다. 구체적인 사실로 이루어진 사례는 앞서 제시된 이유를 논리적으로 확고하고 단단하게 받쳐줌으로써 설득력을 높이는 역할을 한다.

사례를 들 때는 무엇보다 언론 보도나 통계 자료 등 실제로 있었던 사실을 활용하는 것이 좋다. 언론 보도는 기자의 시각에서 걸러낸 사실이기 때문에 무조건 믿어서는 안 된다. 언론 보도나 통계 자료를 사례로 활용할 때는 그것이 얼마나 신빙성이 있는지를 따져봐야 한다.

특히 함정에 빠지지 않으려면 신빙성을 따져보는 과정을 반드시 거쳐야 한다. 예를 들어 '평균'이라는 말에 유의해야 한다. 지난 2017년 공공기관에서 '우리나라 근로자의 평균 월급은 335만 원'이라는 통계 자료를 발표했다. 연봉으로 치면 4000만 원이 넘는다. 하지만 다수의 중소기업 근로자들은 이 말에 동의하지 못한다. 이 수치는 최상위 소득부터 최하위 소득까지 모두 합쳐 나눈 것이기 때문이다. 따라서 '근로자 평균 월급은 335만 원'을 전제하고 어떤 이유나 사례를 들게 되면 논리가 깨지게 된다.

사례를 들 때 데이터를 활용하는 것도 좋다. 4차 산업혁명의 핵심은 초연결성을 기반으로 모든 것을 데이터로 변환할 수 있다는 점이다. 이런 이유로 매사추세츠공과대학(MIT)에서는 4차 산업혁명을 '디지털 트랜스포메이션(Digital Transformation)'이라 부른다. 모든 것이 디지털화되는 세상에서 어떤 상황을 수치로 나타낸 데이터는 가장 높은 객관성을 지닌다. 구성원은 무조건 데이터를 찾고 현재 상황을 데이터로 변환하는 노력이 필요하다.

마지막으로 복수의 사실을 사례로 제시하면 신빙성을 높일 수 있다.

PREP의 마지막은 처음에 제시한 결론을 다시 한번 강조해 주는 P(Point) 요점 단계다. 이 경우 많은 사람이 '앞에서 했던 말을 결론으로 다시 말할 필요가 있을까? 불필요한 일이 아닐까?'라고 생각한다. 특히 상사에게 보고하는 경우 구성원으로서는 했던 말을 또다시 한다는 것이 매우 부담스러울 수 있다. 첫째는 너무 당연한 이야기를 마치 새로운 이야기인 양 말하는 데서 오는 부담감이고, 둘째는 가뜩이나 바쁜 상사의 시간을 빼앗고 있다는 데서 오는 중압감 때문이다.

하지만 심리학자들은 마지막에 결론을 다시 한번 강조하는 것이 논리적 사고에서 매우 중요하다고 강조한다. '최신 효과'라는 심리 현상 때문이다. 사람은 가장 최근에 들은 정보, 즉 가장 마지막에 들은 말을 기억한다. 따라서 마지막에 결론을 다시 한번 강조하면 이제까지 말한 이유와 사실에 강력한 설득력을 불어넣을 수 있다.

여기서 효과적인 커뮤니케이션의 정의를 다시 한번 생각해 볼 필요가 있다. 왜 커뮤니케이션을 하는가? 상대에게 내 생각을 전달해 내가 원하는 반응을 얻어내기 위함이다. 그렇다면 상대가 내 생각에 동의해야 내가 원하는 반응을 얻어낼 수 있다. 이를 위해서는 마지막에 내 생각을 다시 한번 강조함으로써 상대의 머릿속에 각인시켜야 한다.

breakthrough

- 데이터를 중요하게 생각해야 하는 이유는 무엇인가?
- 마지막에 결론을 다시 한번 강조해야 하는 이유를 설명할 수 있는가?

업무력을 끌어올리고
삽질을 방지하는 지시 방법

영어로 '지시'를 의미하는 디렉션(Direction)이란 단어에는 방향 제시의 의미가 담겨 있다. 구성원은 리더가 가리키는 방향으로 고개를 돌리고 뛸 자세를 취해야 한다. 조직에서 리더의 지시를 따르지 않은 것은 금기에 가깝다. 리더의 디렉션은 그만큼 권위가 있지만, 한편으로 조심스럽게 다뤄져야 한다. 왕관은 화려해 보이지만 그에 따른 무게도 견뎌야 하는 법이다.

리더에게 지시란 매우 일상적이고 반복적인 일이기 때문에 그다지 조심스럽고 예민하게 다루지 않는 경우가 많다. '어떻게 지시할까'를 생각하기보다는 자기 방식대로 자유롭게 지시하는 사람이 많다. 효과적인 커뮤니케이션을 위해서는 회의, 보고와 함께 지시의 기술도 익혀야 한다.

앞서 'WHY－WHAT－WHEN－HOW'에 대해 살펴봤다. 구성원의 동기와 역량의 수준에 따라 이 네 가지를 정확하게 알려주어야 삽질과 혼선을 방지할 수 있다. 3W1H는 원래 업무 지시 방법에서 시작된 것이다. 혼선 없는 명확한 지시를 위한 툴의 하나이며, 업무를 진행해야 하는 구성원이 알아야 하는 모든 것을 빈틈없이 알려주는 방법이다.

WHY, 그 일이 왜 필요한가

일을 지시할 때는 구성원이 왜(WHY) 그 일을 해야 하는지를 설명해줘야 한다. 그 일을 해야 하는 이유를 알고 있는 구성원과 그렇지 않은 구성원은 일의 시작점부터 다르다. 리더의 의도를 명확하게 전달하려면 이 과정을 반드시 거쳐야 한다.

다음 두 가지 유형의 업무 지시 방식에 대해 생각해보자.

> **A 상사:** 이번 주까지 지난해 반품량을 분기별 매출로 뽑아주세요.
>
> **B 상사:** 지난 한 해 동안 유통 과정에서 발생한 문제점을 파악해야 합니다. 이번 주까지 지난해 반품량을 분기별 매출로 뽑아주세요.

A 상사는 업무는 지시했지만, 그것을 어떻게 활용할 것인지 자신의 의도를 명확하게 밝히지 않았다. 만일 지난해 반품량 자료가 부실하다고 가정해보자. 그러면 구성원은 "부장님, 지난해 반품량 자료를 뽑아봤는데 부실하던데요?"라는 식으로 대답하고는 일을 끝마치려 할 것이다. 리더가 자료를 뽑으라 지시했고, 자신은 자료를 뽑았으니 자기 할 일을 다 했다는 태도다.

만일 B 상사처럼 자신의 의도를 명확하게 밝혔다고 해보자. 이 경우 구성원은 "부장님, 지난해 반품량 자료가 부실해서 유통 과정의 문제점을 파악하기에는 적절하지 않았습니다. 그래서 유통 과정의 문제점을 파악할 수 있는 다른 자료들도 함께 준비했습니다"라는 식으로 답할 것이다. 일하는 방식이 근본적으로 다르다. 그 일을 왜 하는지를 밝히면 구성원이 돌발 상황에 대비할 수 있다. 리더의 의도를 알고 있는 구성원은 일을 처리하는 도중에 변수가 나타나면 스스로 해결책을 찾아 나선다.

이처럼 시키지도 않은 일이지만 올바른 결과를 위해 필요한 일을 찾아서 함으로써 만들어지는 성과를 '적응적 성과'라고 한다. 오늘날과 같이 복잡한 환경에서 무엇보다 필요한 것이다. 이 경우 구성원도 삽질하지 않고 리더도 자신의 의도에 맞는 자료를 받을 수 있다. 그 일을 하는 이유를 알려줄 때 지시를 받아 행동에 옮기는 실행 주체는 강력한 동기유발이 된다.

WHAT, 구체적으로 어떤 결과를 원하는가

WHAT은 어떤 결과를 원하는지 알려줌으로써 일의 최종 결과를 눈앞에 보여주는 역할을 한다. 어린 시절 그림 퍼즐을 맞춰본 적이 있을 것이다. 퍼즐 조각이 1000개라면 맞추기가 쉽지 않다. 그렇다면 퍼즐 맞추기를 가장 쉽게 하는 방법은 무엇일까? 시작하기 전에 전체 그림을 한 번 보고 난 후 맞추는 것이다. 완성된 그림을 알고 있으므로 색채와 구조, 작은 그림의 단서를 가지고 훨씬 빠르게 퍼즐을 맞춰나갈 수 있다.

이처럼 WHAT은 일의 최종 결과를 보여주는 역할을 한다. 최종 목표, 전체적인 개요를 알려주는 것이 명확한 업무 지시의 두 번째 과정이다.

WHEN, 어떻게 시간 관리를 해야 하는가

WHEN은 업무를 처리해야 하는 기한을 정해주고 중간보고 시기를 합의하는 과정을 말한다. 여기서 중요한 것은 기한을 정해주는 것이 아니라 협의를 통한 합의해야 한다는 점이다. 리더라면 자신의 일정에 맞게 혹은 정해진 시간에 맞게 해오라고 명령을 할 수 있다. 하지만 협의를 통해 합의에 도달하면 구성원이 주도적으로 일할 수 있다는 장점이 있다. 구성원 역시 다른 업무가 있는 상황에서 리더가 시킨 일에만 주력하게 하면 스트레스를 받을 수 있다. 업무를 지시할 때는 구성원이 스스로 일정 관리를 할 수 있도록 하는 것이 좋다.

HOW, 어떻게 처리해야 하는가

마지막으로 HOW는 일하면서 참고하거나 협조할 사항을 알려주는 과정이다. 이제까지 설명한 3W 요소도 모두 중요하지만, HOW를 어떻게 하느냐에 따라 일의 향배가 결정된다.

여기서는 심리학에서 말하는 '긍정 심리 자본'이라는 개념을 짚고 넘어갈 필요가 있다. 이는 사람들의 긍정적인 마음이 자본화가 된다는 의미다. 심리가 자본화된다는 것은 곧 한 사람이 만들어내는 생산, 성과, 결과물에서 긍정적인 마음이 매우 근원적이고 원천적인 동력이 될 수 있다는 의미다. 금전적인 면에서 자본이 축적되면 그것이 점점 불어나면서 더 많은 부(富)가 쌓이듯, 심리적인 면에서도 긍정적인 마음은 한 사람의 업무력을 폭발적으로 향상시키는 요인이 될 수 있다.

긍정 심리는 '희망'이라는 요소에서 시작되는데, 희망을 생기게 하는 요인은 두 가지다. 하나는 무엇을 향해 나가는가 하는 목적의식이나 목표이고, 다른 하나는 목표로 가는 여정이다. 예를 들어 건물 안에 몇 사람이 있다고 해보자. 그런데 갑자기 주변의 모든 조명이 꺼지면서 칠흑 같은 암흑이 도래했다. 그 순간 사람들이 하는 첫 번째 행동은 무엇일까? 그 자리에 주저앉아 손으로 주변을 더듬는 일이다. 이는 현재 자신에게 어떤 위험 요소가 있는지를 모르기 때문에 하는 본능적인 행동이다.

그 순간 저쪽에서 소리가 들리면서 불빛 하나가 반짝인다고 해보자. 이때가 바로 희망이 생기는 순간이다. 마치 저쪽으로 가면 지금의 어둠과 불안에서 벗어날 것 같은 긍정적인 심리 상태에 이른다. 하지만 이것만으로 문제가 해결되는 것은 아니다. 중요한 것은 그곳으로 가는 길을 알아야 한다는 점이다. 길을 알지 못하면 희망을 찾아가는 과정에서 또다시 어떤 위험이 자신에게 닥칠지 모르기 때문에 섣불리 발을 내딛기가 쉽지 않다.

따라서 긍정 심리의 작동을 위한 희망 요소는 목표와 그것을 향해 가는 길을 알 때 비로소 완성된다. 긍정 심리를 연구하는 학자들은 이 두 가지를 의지력(willpower)과 경로력(waypower)이라고 부른다. 사람의 마음을 긍정적으로 만드는 희망을 불어넣기 위해서는 두 가지의 힘이 작동해야 한다.

리더가 HOW를 알려주는 것은 WHAT과 함께 희망을 불어넣는 행위다. 업무 지시를 받았지만 약간은 막연하고 애매한 상황에서 HOW는 나아갈 길을 알려주는 등대와 같으므로, 구성원은 주저 없이 목표를 향해 달려나갈 수 있다.

마음속에 긍정이 가득한 구성원은 일하는 과정에서 장애물을 만나더라도 '이 문제를 어떻게 풀어나가지?'라고 생각하게 되고, 한 번 맡은 일은 끝까지 책임지고 완성하겠다는 결의를 다지게 된다. 이는 정반대의 경우를 생각하면 이해가 쉽다. 침울하고 부정적인 정서 상태인 구성원이 창의적이고 책임감 있게 일할 수 있을까?

WHEN으로 시간을 협의하고 HOW로 목표를 향해 나갈 수 있는 길을 알려주는 것이 바로 3W1H를 완성한다.

breakthrough

- 지시를 잘해야 하는 이유를 효과적인 커뮤니케이션의 정의를 바탕으로 설명할 수 있는가?
- 스마트한 지시를 위한 방법 3W1H에 대해 설명할 수 있는가?

60퍼센트만 바꿔도 대단한 혁신이다

　세상에는 수많은 혁신의 방법이 있다. 새로운 것을 도입하기보다는 기존에 있던 문제점을 개선하는 것이 훨씬 효과적이고 빠른 혁신 방법이다. 피터 드러커가 지적했듯, 조직 내에서 발생하는 문제의 60퍼센트만 해결해도 대단한 혁신이다. 이를 위한 대표적인 방법이 지시, 보고, 회의를 바꾸는 일이다. 이는 그리 어려운 일이 아니다. 리더의 성향을 파악하고, 원칙을 정하고, 방법을 바꾸면 된다. 고강도 혁신에 상당한 피로감을 느낀 조직의 구성원이라면 너무 쉽다는 말이 나올 수도 있다.

　조직에서 커뮤니케이션 방법을 바꾸는 것은 개인적인 삶을 혁신하는 방법이 된다. 인생은 커뮤니케이션의 연속이기 때문이다. 가족, 친구, 동아리, 각종 모임에서도 커뮤니케이션은 필수다. 커뮤니케이션의 방법이 바뀌면 업무는 물론 개인적인 삶의 효율성을 높일 수 있다.

6장.

화룡점정,
실행력을 높이는 기술

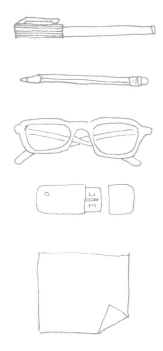

intro

 실행력은 모든 조직 활동의 화룡점정이다. 이것이 담보되지 않으면 아무리 좋은 아이디어도, 더할 나위 없이 탁월한 리더십도 의미가 없다. 이런 이유로 리더가 마지막으로 집중해야 할 부분은 '어떻게 하면 구성원의 실행력을 높일 수 있는가'라는 질문에 답하는 일이다. 실행력이라고 해서 무조건적인 돌진을 말하는 것은 아니다. 핵심 문제를 정의하고 핵심 결과를 얻어내기 위한 실행력이 담보되어야 한다.

 과거의 성과 지표인 KPI를 보완하는 일은 무엇보다 시급하다. 기업에서의 평가에는 두 가지 의미가 있다. '승진과 보상을 위한 평가'가 있지만 '더 역동적인 전진을 위한 평가'도 있다. 전자보다는 후자가 더 효과적인 성과 지표인 것은 틀림없다.

 이렇듯 정확한 목표를 설정하고 역동적인 실행력이 뒷받침될 때 비로소 리더는 자신의 역할을 완수하게 될 것이다.

겉치레에 신경 쓰다
본질을 놓친다

세상의 모든 문제는 그 근원으로 거슬러 올라갈 수 있다. 그것이 시작되는 근원 혹은 핵심에서 모든 문제가 부수적으로 발생하기 때문이다. 리더가 할 일은 주변부에서 머뭇거리는 것이 아니라 핵심 문제, 즉 문제의 근원으로 거슬러 올라가는 것이다.

수많은 경영 실패 사례들을 살펴보면 '도대체 왜 당시의 경영진은 그 문제를 제대로 보지 못했을까'라는 의문이 생기는 경우가 많다. 돌이켜보면 너무도 명백한 문제임에도 당시 그 상황에 있던 경영진들은 엉뚱한 것에서 문제의 원인을 찾고 전혀 먹히지 않을 대책을 구사한 것처럼 보인다. 물론 의사 결정을 하는 리더들은 혼돈과 어려움 속에서도 최선의 결정을 내릴 것이다. 리더들이 '나는 그렇지 않을 것이다'라고 생각한다 해도 정작 예상치 못한 일이 생기면 마찬가지로 행동할 가능성이 크다.

사막의 여우, 롬멜의 절규

아프리카 사막 지대는 인간이 견딜 수 있는 한계 지점이다. 모래 표면의 온도는 물이 끓기 직전인 99도에 이르고 사막 온도는 55도를 넘나든다. 제2차 세계대전 당시 이런 극한의 환경 속에서도 '사막의 여우'라고 불렸던 독일의 에르빈 롬멜(Erwin Rommel) 장군은 연전연승하고 있었다. 그러나 어느 순간 연합군이 충분한 보급을 받고 반격해오자 롬멜은 위기의식을 느끼기 시작했다. 본국에 도움을 요청했지만, 당시 독일은 롬멜의 상황을 헤아릴 수 없었다. 롬멜은 마지막에 퇴각을 하면서도 계속 도움을 청했지만, 히틀러에게서 온 메시지는 단 한마디뿐이었다.

"철십자훈장을 줄 것이니, 최후까지 싸우라."

국가 비상 상태에서 혁혁한 공을 세운 사람에게 주어지는 철십자훈장은 모든 군인의 영예임은 틀림없다. 하지만 롬멜은 히틀러의 그런 명령에 절규하듯 대답했다.

"철십자훈장 대신 전차와 휘발유를 달라."

히틀러는 핵심 문제를 파악하는 데 실패했다. 그는 영광스러운 철십자훈장이라면 충분히 롬멜과 그 부하들을 움직일 수 있다고 생각했다. 하지만 아프리카의 뜨거운 사막에서 싸우고 있는 그들에게 필요한 것은 그런 훈장 따위가 아니었다. 적과의 싸움에서 전세를 역전시킬 전차와 휘발유가 필요했다. 핵심 문제에 집중하지 못한 전형적인 예라 할 수 있다.

핵심 문제에 집중하지 못해 위험에 빠진 일은 치열한 경영 현장에서 매우 흔하게 일어난다. 장난감 산업에서 부동의 1위였던 레고는 1990년대부터 심각한 위기 상황에 처했다. 물론 그들도 가만히 앉아 있기만 한 것은 아니었다. '미니 피규어'라는 새로운 시장을 개척했고 새로운 히어로 캐릭터도 개발했다. 대중성을 확보해야 한다는 생각에 사로잡혀 다양한 연령층을 공략하기도 했다. 하지만 그럴수록 상황은 더욱 나빠졌고 급기야 2000년대 초반에는 파산 위기에까지 몰렸다.

그들에게는 수많은 혁신 안건이 있었고 다양한 아이디어가 있었지만, 핵심 문제를 파악하지 못한 채 회사의 에너지만 낭비했다. 이후 전통적인 블록 장난감에 집중한 결과, 레고는 다시 장난감 산업 부동의 1위 타이틀을 탈환할 수 있었고, 영업이익률을 기준으로 애플이나 구글과 맞먹을 정도의 혁신 기업으로 성장했다.

왜 많은 기업은 자신이 가진 핵심 문제를 찾아내지 못하는 것일까? 결과적으로 본다면 너무도 뻔한 일일 수 있는데, 정작 회사 내부에 있는 그들은 그것을 제대로 보지 못하는 이유는 무엇일까? 많은 이유가 있겠지만, 구글의 연구 결과가 한 가지 실마리를 던져준다. 구글은 34개국 1만 2000개 기업을 대상으로 18개의 핵심 경영 기법을 연구한 적이 있다. 이를 통해 기업들이 경영 어려움에 빠지는 이유에 대한 결론을 내렸다.

구글은 세 가지를 그 원인으로 지목했다.

- 더 나은 방법이 필요하다는 인식의 부족
- 더 나은 방법을 채택하기 위한 기술의 부족
- 새로운 방법을 채택하기 위한 신뢰의 부족

이 연구 결과에 따르면, 놀랍게도 회사의 문제 해결 능력을 좌우하는 것은 매우 사소한 사항이었다. 위기 상황에 직면했으면서도 인식이 부족하거나 더 나은 방법을 찾기 위한 기술이 부족하다는 것이 얼마나 안타까운 일인가. 여기에 구성원들 사이의 신뢰 부족이 회사를 악화일로로 걷게 한다는 점도 문제다. 회사가 무너지면 구성원의 인생도 큰 타격을 입는 마당에 서로를 믿지 못하는 원초적인 상황을 벗어나지 못한다는 이야기다. 이런 상황에서 핵심 문제에 집중하지 못하는 것은 어쩌면 너무 당연하다고 볼 수 있다.

많은 리더가 주변 문제를 해결하지 못해 핵심 문제로 진입하지 못하고 있다. 문제가 생기면 그 근원으로 거슬러 올라가 핵심 문제를 해결하라는 평범한 경영의 진리가 그들에게는 매우 실천하기 어려운 과제가 될 수밖에 없다.

OKR로 실행력을 강화해야 할 때

사실 핵심 문제를 발견하고 빠른 실행을 통해 기업이 활력을 되찾으면 대부분의 위기는 극복할 수 있다는 것이 상식이다. 그런데 정작 회사의 내부 문제 때문에 혹은 리더의 문제로 인해 실행력이 혁신적으로 높아지지 않는다는 데 문제가 있다.

그동안 한국 기업들의 실행력은 매우 놀라운 수준이었다. 한때 전 세계 가전 업계의 으뜸 브랜드였던 소니와 파나소닉을 삼성과 LG가 대체한 것도 돌풍과 같은 실행력 때문이었다. "이봐, 해봤어?"라는 정주영 회장의 일갈과 "자식과 마누라 빼고 모두 바꾸라"라는 이건희 회장의 전투적인 혁신 철학은 모두 실행에 초점에 맞춰져 있다.

삼성이 선보인 동시공학(Concurrent Engineering)의 묘미는 놀라운 수준이었다. 제품 기획과 기술 개발 그리고 생산 체제 구축과 소비자 피드백을 거의 동시에 진행하는 이 새로운 경영전략은 신제품 개발과 출시, 마케팅에 걸리는 시간을 획기적으로 앞당겨주었다. 여기에 '월화수목금금금'이라는 전설적인 한국의 업무 스타일이 가미되면서 압도적인 실행력이 생겨났다.

하지만 이런 실행력은 4차 산업혁명의 시대에는 적합하지 않다. 패러다임이 크게 흔들리지 않는 상황에서라면 군대가 앞으로 나아가는 듯 진군으로 상황을 장악할 수 있지만, 패러다임 자체가 흔들리는 지금의 상황에서 그것은 무식해 보이는 짓이기도 하다. 구성원의 정서에도 맞지 않는다. '워라밸'과 '퇴사학교'의 정서가 확산하고 있으며, 주 52시간 근무제라는 새로운 정책이 버티고 있는 상황에서, 우리 기업들은 실행력에 대해 새로운 정의를 내리고 또 다른 방법을 찾아야 하는 갈림길에 서 있다.

이런 상황에서 무엇보다 변화해야 하는 사람이 바로 리더다. 실행력에 관한 한 리더는 태생적으로 불리한 처지에 놓여 있다. 리더는 계획하는 데는 익숙하지만, 실행은 구성원의 영역이라고 생각한 나머지 꼼꼼하게 챙기지 못하는 경우가 많다. 그 결과 계획과 실행이 분리되면서 애초 목표했던 효과를 거두는 데 실패할 수 있다. 구성원은 '선택권 없는 선택(Choicelesschoice)'이라는 딜레마에 빠질 가능성이 크다. 리더가 실행력까지 챙기지 못하면 구성원은 전체적인 미션과 목표에 공감하지 못한 채 그저 기계적으로 실행하면서 무력감에 빠지게 된다.

이 책의 마지막 장에서는 '핵심 문제'와 '실행력'에 집중한다. 조직의 가장 약한 고리를 찾아내 전체를 강화하는 법 그리고 기존의 KPI라는 성과 지표의 함정에서 벗어나 구성원을 돌진하게 만드는 새로운 성과 지표인 OKR이 중심이 될 것이다.

맥킨지의 글로벌 마케팅 부문을 총괄하는 예스코 페리(Jesko Perrey)는 이렇게 말했다. "너무 많이 벌이면 반드시 실패한다. … 단순하지 않으면 속도를 낼 수 없고, 디지털 경제에서는 속도전에서 밀리면 곧 실패한다." 실패의 위험에서 리더를 구해 줄 방법, 핵심 문제와 OKR에 대해 알아보자.

breakthrough

- 내가 이끄는 조직은 문제를 정의하고 핵심 문제를 찾는 방법에 얼마나 훈련되어 있는가?
- KPI 관리만으로 실행 관리에 문제가 없는가?

가장 약한 고리가
핵심 경쟁력을 좌우한다

    핵심 문제는 현재 일어나고 있는 문제 상황에 가장 큰 영향을 주는 근본 원인이다. 어떤 문제가 있을 때 우리 앞에서는 많은 일이 벌어진다. 이때 간과해서는 안 되는 것 중 하나가 우리가 인지하는 많은 일은 문제, 원인, 결과 등이 복잡하게 얽혀 있다는 사실이다. 우리는 복잡성의 함정에 빠질 수밖에 없다. 리더가 문제가 발생했을 때 해결 방안에 대한 정확한 방향을 제시하지 못한다면 구성원은 엉뚱한 곳에서 귀중한 시간과 에너지를 낭비하게 될 것이다.

가장 약한 고리

'핵심 문제를 찾아 전체 문제를 해결하고 성과를 높인다'라는 개념으로 미국의 생산성을 획기적으로 끌어올린 문제 해결 방법이 '제약조건이론(TOC, Theory Of Constraints)'이다. 이 이론은 이스라엘의 유체물리학자 엘리야후 골드렛(Eliyahu Goldratt)이 정리한 개념이다. 조직의 목표를 달성하는 데 가장 문제가 되는 제약 조건을 찾아 집중적으로 개선하는 경영 혁신 방법이다.

언뜻 평범해 보이는 이 방법은 죽어가던 미국의 경쟁력을 살려냈다는 평가를 받고 있다. 1980년대 중후반까지만 해도 미국 경제는 경쟁력을 잃어가고 있었다. 당시 일본 영토를 팔면 미국 영토 전체를 사고도 남는다는 자조적인 말도 있었다. 내가 유학 생활하던 남부 캘리포니아의 팜스프링스의 100개가 넘는 골프장이 모두 일본 기업에 팔렸다는 이야기도 있었고, 뉴욕의 웬만한 빌딩의 주인은 모두 일본 사람으로 바뀌었다는 소문도 떠돌았다. 이때 등장한 이론이 골드렛의 제약조건이론이다. 미국은 이 이론을 정리한 골드렛의 책 『더골(The Goal)』을 일본에 번역 출판하지 못하도록 국가적인 차원에서 제재를 가했을 정도다. 제약조건이론은 도대체 어떤 이론일까?

어떤 조직이든 유형 혹은 무형의 제품을 생산하면 그것이 고객의 구매로 이어져야 생존할 수 있다. 즉 기업의 생존 부등식이 성립된다. 조직에 투입된 인풋이 흘러가는 과정을 시스템적으로 보는 사고를 '비즈니스 시스템'이라고 한다. 여기서 인풋은 부품, 지식, 인력, 기술 등이 있을 것이다. 중요한 것은 조직을 움직이는 모든 기능이 따로 놀아서는 안 된다는 점이다. 조직의 모든 기능은 서로 연결된 체인과 같아서 중간에 끊어지면 결과물은 생산될 수 없고 기업은 생존할 수 없게 된다.

예를 들어 500개의 단단한 고리로 연결된 쇠사슬이 있다. 모든 고리가 완벽하게 연결된 경우 이 쇠사슬은 5톤의 철근을 들어올릴 수 있다고 해보자. 그런데 문제가 생겼다. 500개의 고리

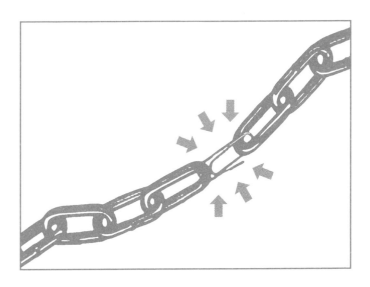

가장 약한 고리가 체인의 강도를 결정한다

중 499개는 완벽하게 만들어졌으나 실수로 한 개의 고리가 클립으로 연결되는 웃지 못할 일이 발생했다면 어떤 일이 벌어질까? 이 쇠사슬로 5톤의 철근을 들어올릴 수 있을까?

평소 5톤의 철근을 들어올리던 쇠사슬 체인은 499개가 완벽하더라도 클립 한 개 때문에 전체 쇠사슬이 힘을 쓰지 못하게 된다. 쇠사슬의 장력은 완벽한 고리에 의해 결정되는 것이 아니라 가장 약한 고리에 의해 결정된 것이다. 가장 약한 고리가 핵심 문제가 된다. 여기에 제약조건이론의 핵심 개념이 숨어 있다. 전체 성과는 가장 약한 부분(constraints, 제약을 일으키는 부분)에 의해 결정된다는 이론이다.

핵심 문제를 찾아라

이 개념을 조직에 적용해보자. 회사에 15개의 부서가 있다고 하자. 이 가운데 14개의 부서는 세계 최고의 경쟁력을 가졌다. 그런데 딱 한 개의 부서에서 일이 정체되고 커뮤니케이션이 원활하게 이루어지지 않는다. 이 회사의 경쟁력을 결정하는 것은 무엇일까? 14개의 잘 돌아가는 부서일까? 제약조건이론 이론은 그렇지 않다고 말한다. 조직 구성이 아무리 뛰어나더라도 조직력을 결정하는 것은 가장 약한 고리가 되는 부서의 역량이다. 가장 일을 못 하는 부서가 회사의 경쟁력을 결정한다. 이제까지 살펴본 핵심 문제가 쇠사슬 사례의 클립에 해당하는 '가장 일 못 하는 부서'를 말한다.

반대의 경우도 있다. 예를 들어 한 부서가 세계적인 기술을 보유하고 있다. 하지만 이 부서와 연결된 공정들이 이 세계적인 기술을 따라가지 못해 제품화하지 못한다면 어떤 일이 벌어질까? 세계적인 기술을 보유한 부서는 회사의 재앙이 되고 만다. 기술을 개발하기 위해 많은 투자와 고급 인력을 투입했을 것이기 때문에, 이 부서의 기술이 제품화되지 못한다면 그 부서는 비용의 블랙홀로 전락하게 된다.

실제로 이런 경우가 있음을 확인할 기회가 종종 있다. 교육이나 컨설팅을 위해 기업 임원들을 인터뷰하다가 "세계 일등 기술을 가지고 있고 그 부문 세계 1위로 시장을 점유하고 있는데 돈을 못 벌어요. 이게 말이 됩니까?" 하는 질문을 받을 때면 제약조건이론 사고가 절실함을 느낀다.

기업에는 사람과 일이 마치 거미줄처럼 얽혀 있다. 저 사람이 일을 끝내야 내가 일을 시작할 수 있고, 내가 일을 끝내는 것이 누군가에게는 일의 시작이 되어야 한다. 이런 연결 속에서 가장 약한 고리를 찾아내 문제를 해결하는 것이 진정한 혁신의 길이다. 그렇다면 이 문제를 '어떻게 찾느냐'는 과제가 대두된다.

breakthrough

- 제약조건이론을 우리 회사의 프로세스와 연결해 설명할 수 있는가?
- 문제 해결을 위해 핵심 문제를 찾아 집중하는 것이 왜 중요한지 설명할 수 있는가?

나무 모양으로 문제를 분해하고
논리를 정리한다

조직의 경쟁력을 떨어뜨리는 가장 큰 원인, 즉 핵심 문제를 찾는 방법에는 로직트리(논리적 추론), 인과관계 분석, 5 WHY 기법의 세 가지가 있다. 하나씩 살펴보기로 하자.

로직트리(logic tree)는 앞서 소개한 생각의 구조화 과정과 동일하다. 상향식 피라미드 구조로 생각을 정리하듯 상황을 관찰하고, 미씨 프레임워크로 그루핑한 뒤, 논리적 추론을 거쳐 핵심을 도출하는 방식이다. 이렇게 아래에서 위로 정리하는 논리 구조를 로직트리라고 한다. 글자 그대로 '로직'이라는 것은 논리를 말하고, '트리'는 나무를 뜻한다.

중요한 것은 생각을 정리하는 것이나 문제의 핵심을 찾는 것이나 모두 동일한 프로세스와 프레임워크라는 점이다. 이는 매우 중요한 발견이다. 생각의 정리와 문제 핵심의 발견이 같은 프로세스인 이유는 둘 다 생각을 정리하는 과정이기 때문이다.

핵심 문제를 찾으려면 생각을 정리해 논리적인 결론을 도출하는 과정과 동일한 프로세스를 거쳐야 한다. 따라서 로직트리도 아래에서 위로 SO WHAT?의 관계, 왼쪽에서 오른쪽으로 미씨적 관계 그리고 위에서 아래로 WHY SO?의 관계로 구성되어야 한다.

정리하자면 가장 먼저 문제가 일어난 상황을 파악하고, 그 상황을 연관 지어 그루핑을 하고, 거기서 핵심을 찾고 해결책을 찾아 점검한다. 이 모든 피라미드 구조 사이에서 아래에서 위로는 SO WHAT?의 관계, 반대로 위에서부터 아래로는 WHY SO?의 관계가 맞는지를 검증한다. 이 과정을 거치면 핵심 문제가 무엇인지 파악할 수 있다.

breakthrough

- 핵심 문제를 도출하는 로직트리 기법을 논리적 구조화 개념을 활용하여 설명할 수 있는가?

원인과 결과를 밝히면
문제의 실체가 드러난다

핵심 문제를 찾는 또 다른 방법은 인과관계를 분석하는 것이다. 말 그대로 원인과 결과를 분석함으로써 핵심 문제를 찾는 방법이다. 만일 몸이 아플 때 약국에 가서 증상에 따라 약을 먹는다면 어떻게 될까? 어떤 사람이 갑자기 고열, 기침, 요통, 다리 경련, 오한이 있어서 증상별로 약을 사 먹는다면 어떤 일이 일어날까? 고열이 난다고 해열제를 먹고, 기침이 나서 코프시럽을 복용하고, 요통을 완화하기 위해 근육이완제를 먹고, 다리 경련 때문에 아스피린을 그리고 오한 때문에 몸살 약을 먹고 누워 있다면 이 환자는 어떻게 될까?

이렇게 말하면 사람들은 설마 그런 일이 있겠냐면서 남의 일처럼 이야기한다. 그런데 우리 조직 안에서 일어나는 일이 아닌가? 조직에서 일어나는 각종 문제에 대해 증상별로 처방을 한다. 매출이 떨어진다고 영업을 압박하고, 비용이 올랐다고 접대비를 줄이고, 광고를 늘리고…. 조직이 클수록 전체를 조망하며 핵심을 찾기보다는 각 부서가 각개로 문제에 대처한다. 소위 말하는 '대증요법'을 실시하는 것이다.

한 부서가 어떤 처방을 하면 그 처방이 다른 부서의 문제가 되는 경우도 허다하다. 핵심 문제에 대한 인과관계를 찾지 못했기 때문이다. 위의 환자도 병원에 가면 검사를 한 뒤 의사의 진단을 받게 될 것이다.

"환자분의 검사 결과와 증상을 보니 다리 경련은 근육통으로 인한 것이고, 근육통은 고열로 인한 것입니다. 고열은 오한을 유발하고요. 고열의 원인은 면역 체계가 깨졌기 때문입니다. 요통은 기침이 심해졌기 때문인데, 기침의 원인은 폐가 감염됐기 때문이네요. 이런 증상들을 모두 고려할 때 환자분은 폐렴에 걸렸습니다. 빨리 입원해서 치료를 받아야 합니다."

의학 지식이 없는 사람이 증상이 나타나는 대로 처방했던 대증요법과 체계적인 검사를 기반으로 한 의사 처방의 차이는 무엇인가? 인과관계를 발견했다는 점이다. 여러 가지 문제와 현상이 뒤섞여 있는 상황에서 원인과 결과의 관계를 찾기 위해서는 다음의 세 가지 원칙을 기억해야 한다.

- 원인이 결과보다 먼저 일어난다.
- 상관도가 높은 상황(직접 원인)이 상관도가 낮은 상황(간접 원인) 보다 먼저 일어난다.
- 큰 영향을 주면서 스스로는 덜 받는 쪽이 더 근본 원인이다.

업무 프로세스 개선 프로젝트에서 컨설턴트들이 문제 해결을 위해 플로우차트 형식의 그림을 그리는 이유는 핵심이 되는 원인을 찾기 위함이다. 경영자 혹은 구성원들에게 문제 현상에 대해 들은 뒤 그것을 하나씩 배열하고 무엇이 가장 먼저 일어난 일인지, 어떤 상관관계가 있는지, 어느 쪽이 더 많은 영향을 받는지를 파악한다. 그 결과 문제의 실체가 드러나고 다른 모든 문제에 영향을 주는 가장 근본적인 원인, 즉 핵심 문제를 발견하게 된다.

breakthrough
- 핵심 문제를 도출하는 인과관계 분석에 대해 설명할 수 있는가?
- 인과관계 분석을 위한 세 가지 원칙에 대해 설명할 수 있는가?

뛰어난 리더는
지시하지 않고 질문한다

뛰어난 리더는 지시하지 않고 질문하는 리더다. 질문은 우리 뇌를 깨우고 생각의 방향을 바꿔놓는다. 핵심 문제를 찾는 것은 근본적인 원인을 찾는 일과 같다. 질문을 통해 이 과정을 성공적으로 처리할 수 있다. 특히 문제의 본질에 접근하게 해주는 질문인 WHY는 매우 효율적인 방법이다. 질문을 던져 핵심 문제를 찾는 방법이 바로 '5 WHY'다. 어떤 문제가 생겼을 때 그 원인을 찾기 위해 다섯 번 '왜(WHY)?'를 외치는 것이다.

5 WHY 기법이 문제 해결 방법론으로 자리잡게 된 계기가 있다. 1990년대 중반 도요타 공장에서 노동자의 손가락이 고압 프레스에 절단되는 사고가 발생했다. 기계에 손가락이 절단됐으니 이는 당연히 내부 설비 문제로 보였다. 그런데 작업자의

손가락이 잘린 문제의 원인이 그 사람 개인의 문제라고 단정하기는 어려웠다. 고압 프레스는 고가의 특수 제작된 제품이라 손을 사용할 일이 없었기 때문이다. 사고의 원인을 찾기 위해 5 WHY 기법을 적용해 핵심 문제를 찾아 나섰다.

WHY 1. 왜 손가락이 잘려나갔는가?
⇨ 손가락을 기계에 넣었기 때문이다.
WHY 2. 왜 손가락을 기계에 넣었는가?
⇨ 기계가 작동하지 않았기 때문이다.
WHY 3. 왜 작동하지 않았는가?
⇨ 부품이 고장났다.
WHY 4. 왜 부품이 고장났나?
⇨ 유지보수에 소홀했다.
WHY 5. 왜 유지보수에 소홀했나?
⇨ 예산이 부족했다.

사고 원인이 겉으로 보기에는 작업자 실수나 시설 문제로 드러났지만, 핵심 문제는 예산 부족으로 밝혀진 것이다. 당시 도요타는 전사적인 차원에서 원가 절감을 강조했다. 도요타가 생산한 렉서스 자동차에서 일가족이 사망하는 사건이 발생했다.

회사에는 위기가 닥쳤고, 이를 돌파할 방법은 원가 절감밖에 없었기 때문이다. 전사적인 차원에서 원가 절감의 압박이 심각하니 현장에도 무리하게 적용될 수밖에 없었다. 그 결과 예산 부족으로 고압 프레스에 필요한 예비 부품들을 모두 갖춰놓을 수 없었고, 작업자가 손으로 해결하려 하다가 그와 같은 일이 발생한 것이다.

겉으로 드러난 문제는 손가락 절단이라는 현상으로 나타났지만, 핵심 문제는 '예산 관리'에 있다는 사실을 발견한 것이다. 핵심 문제가 도출되자 도요타는 문제 해결 방법을 찾을 수 있었다. 공정별로 위험 등급을 나눈 뒤 고위험군은 예산을 더 편성하고, 저위험군은 예산을 줄임으로써 전체 예산 절감 목표를 맞추는 방향으로 예산 관리 방식을 변경했다. 결과적으로 5 WHY 기법은 회사의 원가 절감 정책을 따르면서 사고도 예방할 수 있는 지혜로운 통찰을 줄 수 있었다.

5 WHY를 적용할 때는 꼭 다섯 번만 질문하기보다는 핵심 문제를 찾을 때까지 질문을 계속하는 것이 좋다. 간혹 끝없이 질문을 던지다 보면 엉뚱한 길로 빠질 수 있으므로 주의해야 한다.

5 WHY 기법을 사용할 때는 두 가지를 주의해야 한다. 질문과 답변에 근거가 있으며, 답변이 통제 가능한 범위에서 수렴

되어야 한다는 점이다. 예를 들어 감기 걸린 사람에게 "왜 감기에 걸렸어?"라고 물었더니 "날씨가 추워서요"라는 간단한 답변이 돌아왔다고 해보자. 날씨가 추우면 감기에 걸릴 수 있다. 그렇더라도 이 답변은 하나 마나 한 말이 될 수 있다. 우리가 날씨를 조정하거나 바꿀 수는 없기 때문이다. 감기에 걸린 이유를 내가 통제할 수 있는 범위 내에서 찾아야 다음에 또다시 그런 상황에 직면하면 감기에 걸리지 않도록 대비할 수 있다.

따라서 이 질문에 대한 답변은 "날씨가 추운데 옷을 제대로 입지 않고 나갔다가 감기에 걸렸네요"라는 유형이 적절하다. 이 경우 "기온이 영하로 내려가면 패딩 점퍼 같은 두꺼운 옷을 단단히 챙겨 입어야 감기를 예방할 수 있어"와 같은 제대로 된 충고가 가능할 것이다. 조직에서 오가는 질문과 답변도 우리가 실행할 수 있는 범위 내에 있어야 핵심 문제를 찾을 수 있다.

breakthrough

- 핵심 문제를 찾는 데 있어서 5 WHY 기법이 어떻게 작동하는지 설명할 수 있는가?
- 5 WHY 기법을 사용하기 위해 반드시 지켜야 할 두 가지 원칙이 무엇인지 설명할 수 있는가?

핵심에 집중하기,
KPI면 충분할까

핵심 문제에 집중해 해결책을 찾고 실행으로 옮기는 과정은 일의 효과성을 끌어올린다. 효과성은 한마디로 'Do the right thing', 꼭 해야 하는 일을 한다는 뜻이다. 말하자면 일의 첫 단추가 될 수 있다. 바쁘다고 눈앞에 보이는 일에 급급하다 보면 근본적인 원인을 놓칠 수 있다. 자원이 충분하다면 또다시 시도하면 된다. 하지만 그런 상황이 다시 찾아올 가능성은 희박하다는 것이 문제다. 항상 시간이 모자라고 사람이 모자라고 비용이 모자란다. 모자란 자원을 어디에 집중시키느냐가 관건이 될 수밖에 없다. 리더의 생각이 중요한 이유다.

만일 전쟁터에서 총알이 단 한 발만 남아 있다면 어디를 향해 쏠 것인가? 핵심 표적을 향해 쏠 것이다. 만일 그 총알로 핵심을 타격하지 못한다면 내가 적의 공격 목표가 될 수 있다. 평상시 우리가 일하는 현장은 전쟁터와 다를 바 없다. 일을 잘하려면 효과성과 효율성을 동시에 따져야 한다. 효율성은 'Do things right', 정해진 일을 제대로 한다. 올바른 일을 찾아 그 일을 제대로 해야 한다. 효과성 있는 일을 효율적으로 해야 한다.

핵심 문제가 목표를 수행하는 과정에서 생긴 문제를 해결하는 것이라면, 핵심 결과는 그보다 더 성공적인 목표 수행을 위한 노력이라 할 수 있다. 성과 관리에서 가장 중요한 것은 목표 관리이고, 이를 위해서는 강력한 툴이 필요하다. 이렇게 말하면 직장인 대부분은 "그건 우리 회사에도 있어요. KPI로 충분히 가능하지 않을까요?"라고 반문한다.

KPI는 원래 피터 드러커의 MBO(Management By Objective) 개념에서 출발한 경영 관리 기법이다. 회사에는 성과 관리를 위해 수많은 지표(PI, Performance Indicators)가 존재한다. 그 모든 지표를 경영진이 직접 관리한다는 것은 불가능하다. 따라서 수많은 지표 중 글자 그대로 일거양득을 할 수 있는 지표를 고른 것이 바로 KPI다.

나 역시 조직 생활을 하면서 KPI를 중심으로 관리하고 평가받았다. 그런데 항상 KPI만으로는 부족하다는 것과 KPI로 인해 생각지도 못한 부작용이 생기는 일을 경험했다. KPI의 최종 결과는 신호등 형식으로 표현된다. 성과가 90퍼센트에 이르면 초록색, 70퍼센트이면 노란색, 그 이하는 빨간색이다. 경영진은 노란색과 빨간색만 관리하고 질책하면 되는 것이다. 경영진의 입장에서는 상대적으로 관리하기 쉬운 시스템이지만 목표 달성에 도움이 될지 의문이다.

예를 들어 '매출 증가'라는 KPI를 살펴보자. 매출 증가를 위해 매출 증가율, 매출 달성률 등 여러 가지 KPI를 정할 수 있다. 영업 부서의 경우 이것을 구체적으로 도출하기에 별 어려움이 없다. 영업은 매출액이라는 명확한 수치가 있기 때문이다. 하지만 경리 부서는 어떨까? 경리 부서에서 매출을 올릴 수 있는 어떤 활동을 할 수 있을까? 경리 부서의 매출 증가 활동을 어떻게 수치화해 측정할 것인가? 마케팅 부서는? 이벤트를 많이 하면 매출이 오를 것이라고 장담할 수 있을까? 결국 KPI가 많은 딜레마를 만들고 있지만, 기업은 여기서 벗어나지 못하고 계속해서 눈에 보이는 지표를 만들기 위해 엉뚱한 방향으로 일을 진행하곤 한다.

앞서 언급했듯 많은 컨설턴트가 KPI의 문제점을 지적한다. 목표 관리를 위한 툴이 아닌 관리를 위한 툴로 전락해버린 KPI를 보완하기 위해 고안된 것이 바로 OKR이다. 이 지표는 미래를 향해 달려가는 다수의 선진 기업들에서 이미 사용하고 있다.

- 우리가 KPI를 사용하는 이유를 설명할 수 있는가?

- 자신에게 주어진 KPI를 관리하면서 경험한 어려운 점이나 문제점은 어떤 것이 있는가? 보다 효과적으로 사용하기 위해 어떤 점이 보완되어야 할 것인가?

변화를 이끌어낼
도전적인 목표를 찾는다면

싱귤래리티대학의 주요 리더들이 집필한 『기하급수 시대
가 온다(Exponential Organization)』라는 책에서는 4차 산업혁명
의 특징을 활용해 성공하는 기업을 '기하급수 기업(Exponential
Organization)'이라고 정의하고 있다. 기하급수 기업의 대표 주자
들이 오늘날 세계를 뒤흔드는 우버, 아마존, 테슬라 등이다. 이
책은 기하급수 기업의 핵심적인 특징을 정리하고 있는데, 가장
눈에 띄는 것이 바로 OKR이다.

OKR에 대한 구체적인 내용을 살펴보기 전에 OKR을 조망
할 필요가 있다. 숲속에서는 자신과 가까운 곳 외에는 볼 수 없
다. 산 위에 올라가 숲이 어떤 모습인지를 살펴본 후 숲속으로
들어가야 자유롭게 활동할 수 있다. 가장 궁금한 점은 KPI와

OKR이 어떻게 다른가 하는 점이다. 변화와 혁신을 위해서는 문제가 무엇인지를 알아야 한다. 건강에 이상이 생겼을 때 심장의 문제인지, 간의 문제인지를 알아야 하는 것과 마찬가지다.

KPI는 문제점과 문제 영역을 특정할 수 있도록 도와준다. 하지만 무엇이 문제인지를 안다고 해서 문제가 해결되는 것은 아니다. 약을 투여하거나 수술을 해야 병이 낫는다. 그때 필요한 것이 바로 OKR이다. 앞서 말한 것처럼 문제를 해결하고, 프로세스를 개선하는 구체적인 행위를 하는 것이 OKR의 역할이다. 자동차는 대시보드 정보와 내비게이션을 모두 가지고 있어야 완벽한 운행이 가능하다. 조직 관리도 마찬가지다. KPI와 OKR이 서로 완벽하게 보완을 이루어야 혁신과 성과 관리가 가능하다. OKR를 고안한 인텔의 앤디 그로브는 그것이 다음의 두 가지에 대한 답변이라고 말한다.

- Objective(핵심 목표): 무엇을 이룰 것인가?
- Key Result(핵심 결과): 어떻게 이룰 것인가?

달에 사람을 보내는 것이 핵심 목표라면 1년 이내 달 착륙 모듈을 완성하는 것이 핵심 결과일 것이다. 핵심 목표는 거대하고 의미심장해야 하며 구성원의 도전 의식을 유발해야 한다.

이는 『기하급수 시대가 온다』에서 성공하는 기하급수 기업의 특징 중 하나인 '변화를 이끄는 거대한 목표(Massively Transferable Purpose)'와 일맥상통한다. 변화를 이끌 만큼 도전적인 목표가 있어야 한다. 조직은 목표를 높고 크게 설정하고 열정적으로 도전하는 프로세스가 작동해야 한다. 이것은 수치로 측정될 수 없으며 정성적인 특징을 가지고 있다.

OKR의 또 다른 특징은 과제가 다섯 개 미만일 때 효과적이라고 전문가들은 말한다. 지나치게 많은 과제를 설정하면 구성원들이 각자의 당면 과제에 집중할 수 없기 때문이다. 모든 부서가 단일한 목표를 향해 구체적인 행동을 취할 수 있도록 해주는 것이다.

OKR의 최종 과제는 핵심 목표의 성공 가능성을 높이는 것이다. 목표를 완수하기 위해 어떤 일이 일어나야 하는가, 즉 구체적인 일(결과)에 초점이 맞춰져 있다. 그렇기 때문에 역시 정량적으로 충분히 측정할 수 있어야 한다. 핵심 결과 역시 목표당 네 개 미만으로 설정할 때 구성원의 도전 의식을 불러일으킬 수 있다. 그 결과가 언제까지 구체적으로 달성되어야 하는가에 대한 시점도 명시되어야 한다. '우리 부서에서는 무엇을 할 것인가' 혹은 '나는 무엇을 할 것인가'에 대한 내용을 담고 있어야 한다.

과거 반성은 KPI, 미래 실행은 OKR

OKR에 대해 설명하면 사람들은 KPI 하고 별 차이가 없어 보인다고 말한다. 공통점이 있긴 하다. 둘 다 목표가 설정되어 있고, 그것을 정량적으로 측정하고 수치화하는 노력이 필요하다. 여기까지는 별반 다르지 않다. 하지만 KPI과 OKR은 분명한 차이점을 갖고 있다.

KPI와 OKR은 실행 목적이 다르다

KPI는 성과 관리와 평가 그리고 평가에 의한 보상에 목적을 두고 있다. 반면 OKR은 철저하게 목표 달성에 목적을 두며 다른 목적으로 활용하지 않는다.

'성과 관리'라는 개념은 제1차 세계대전 때 처음 등장한 것으로 알려져 있다. 전투를 제대로 수행하지 못하는 병사를 가려내는 방법의 하나였다. 성과 관리를 위한 평가 도구로 시작해 제2차 세계대전을 거치면서 좀 더 구체화했고 전쟁이 끝난 뒤에는 기업에 도입됐다. 세계경제가 성장하면서 수익이 생긴 기업들은 그 일부를 구성원과 나눌 필요가 생겼다. '수익을 누구에게 얼마나 배분할 것인가'라는 공평성의 문제에 직면했다. KPI는 이런 문제를 해결하기 위한 내력을 가지고 있다.

결과적으로 KPI는 '어떻게 공평하게 평가와 보상을 할 것인가'라는 문제에 집중하는 기법이다. 달리 말하면 목표 달성보다는 평가와 보상에 초점이 맞춰져 있는 것이다. 조직의 규모가 거대해면서 이런 이슈는 더욱 극명해진다. 목표 달성이라는 미래의 진취적인 것보다는 과거의 평가에 초점을 맞추고 있다. 반면 OKR은 평가와 보상보다는 목표 달성에 집중함으로써 기업의 성과 향상을 도모한다고 볼 수 있다.

KPI는 과거 업무 평가, OKR은 미래 실행 계획

KPI가 과거 지향적이라면 OKR은 미래 지향적인 특성을 보인다. KPI는 성과 관리와 평가, 보상에 초점이 맞춰져 있기 때문에 지난 시간 동안 구성원이 얼마나 일을 잘했는가를 중점적으로 살피게 된다. 조직에서 이런 평가 지표들은 한 번 짜이면 1년 동안 바뀌지 않는 것이 일반적이다. 평가하는 데도 상당히 시간이 소요된다. 반면 OKR은 '앞으로 우리가 무엇을 해야 하는가'라는 점이 중요하다. 과거보다는 미래의 행동, 즉 실행 계획에 초점이 맞춰져 있다.

KPI는 목표 달성 여부, OKR은 목표 설정 여부

OKR은 100퍼센트 목표 달성에 초점이 맞춰져 있지 않다. 도리어 60~70퍼센트 목표 달성을 추구한다. 일반적인 상황에서는 목표를 설정한 뒤 60~70퍼센트를 달성했다고 하면 매우 실망스러울 수 있다. 겨우 반타작을 넘어선 것이기 때문이다. 하지만 OKR에서는 이 정도 수준만 해도 매우 훌륭하다고 말할 수 있다. OKR의 경우 조직이 원하는 것을 정해놓고 큰 틀에서 설정한 목표이기 때문에 100퍼센트 달성하는 것은 쉽지 않다. 이는 '앞으로 달려나갈 여지가 있다'라는 인식을 주기 때문에 구성원의 도전 의식을 불러일으키는 데 도움을 준다.

KPI는 1년 단위 하향식, OKR은 분기 단위 상향식

KPI는 일반적으로 1년 단위로 수립되며 경영진이 결정해 아래로 내려보낸다. 이런 이유로 하위 조직에서는 운용의 묘를 살리기보다는 목표 달성 자체를 중요하게 여긴다. 반면 OKR은 상황에 따라 분기별, 심지어는 월 단위로도 변경할 수 있다. '이제 무엇을 해야 할 것인가'에 초점이 맞춰져 있으므로 1년 단위의 과거 일을 평가하는 경우도 많지 않다. 당장 다음 달에 해야 할 일이 더 중요하다. 이런 일은 역시 실무진이 가장 잘 알고 있을 수밖에 없다. 따라서 결과를 실행해야 하는 실무 단위에서 계획을 세우고 위로 올라가는 상향식 접근법을 취한다.

과거를 돌아보면서 "이것은 좋았고, 저것은 별로였어"라고 말하는 사람이 있다고 해보자. 자신을 반성하고 변화의 계기로 삼을 수 있지만, 중요한 것은 '왜 잘못됐지?', '그럼 어떻게 해야 하지?'라는 문제를 해결하는 일이다. 과거를 반성하고 평가하는 것은 KPI이고 문제를 해결하는 것은 OKR이라고 보면 된다.

breakthrough

- KPI와는 다른 OKR의 원리를 설명할 수 있는가?
- KPI와 OKR의 같은 점과 다른 점을 설명할 수 있는가?

구글은 어떻게 OKR을 실행했을까

앞서 설명한 것처럼 OKR은 인텔의 앤디 그로브가 KPI를 보완하기 위해 고안했다. 하지만 이것을 전 세계에 전파한 사람은 존 도어(John Doerr)라는 벤처 캐피털리스트다. 그는 그로브 휘하에서 영업 관련 일을 하면서 OKR을 처음 접했다. 그 후 투자가로 변신해 넷스케이프, 구글, 아마존 등 오늘날 세계적 기업들을 초기 발굴했다. 이 회사들에 OKR을 전파하면서 혁신과 발전을 이끌었다. 이런 이유로 많은 사람이 구글, 아마존 등의 성공이 OKR의 덕분이라 평하기도 한다.

도어는 구글 초기 멤버들을 앉혀 놓고 OKR에 의한 실행 관리를 강조했다. 그는 자신을 상황이 어려워진 미식축구단에 새로 영입된 구단 관리자에 비유하면서 어떻게 OKR을 조직의 실행 관리에 적용해야 하는지 설명했다. 이것이 유명한 '존 도어의 설명(John Doerr's Deck)'이다. 여기서 도어는 다음과 같은 목표를 설정했다.

Objective: 구단주에게 돈을 벌어준다!

구단 관리자로서 그는 목표를 명확하게 정리했다. 구단주에게 돈을 벌어주기 위해 반드시 달성해야 할 결과물(KR, Key Results)을 두 가지로 설정했다.

KR 1. 슈퍼볼에서 우승한다.
KR 2. 관중석 88퍼센트를 채운다.

그런 다음 '슈퍼볼에서 우승한다'라는 핵심 결과는 수석코치 래리에게, '관중석 88퍼센트를 채운다'라는 핵심 결과는 PR 매니저에게 핵심 목표로 부여했다. 이처럼 도어는 리더로서 자신의 목표를 명확히 설정하고, 목표 달성을 위해 결과로 일어나야 할 일을 분명히 밝히며, 그 일을 하위 조직 리더들의 목표로 부여했다. 그리고 하위 조직 리더들이 전문성을 바탕으로 목표를 달성하기 위해 반드시 결과로 나타나야 할 일을 도출하게 했다.

수석코치는 자신의 목표와 달성해야 할 핵심 결과를 설정했다.

Objective: 슈퍼볼에서 우승한다.

KR 1. 수비력 전미 톱 3에 진입한다.

KR 2. 200야드 패싱 능력을 개발한다.

KR 3. 25야드 전진 능력을 개발한다.

수석코치는 각 위치 선수들에게 핵심 결과를 목표로 부여하고 그들이 목표 달성을 위해 실행 계획을 정하게끔 했다. 그 결과 수비수, 공격수, 스페셜팀의 목표와 핵심 결과가 다음과 같이 정해졌다.

수비수

Objective: 수비력 전미 톱 3에 진입한다.

KR: 100야드 패싱 능력을 개발한다.

공격수

Objective: 200야드 패싱 능력을 개발한다.

KR: 패스 성공률을 75퍼센트로 끌어올린다.

스페셜팀

Objective: 25야드 전진 능력을 개발한다.

KR: 팀 블록 역량을 강화한다.

수천 조각을 맞춰 그림을 완성하는 퍼즐처럼 조직의 목표도 실행을 담당하는 실무 조직 개개인의 역할 완수를 통해 달성되어야 한다. 조직의 성과는 구성원 각자의 임무를 통해 만들어지는 것이다. 조직 목표의 실행이 개인 수준의 과업으로 정의될 수 없다면 성과가 제대로 나오기 어려울 것이다. KPI는 이 점에서 취약점을 노출하며 이를 보완할 방법이 OKR인 것이다. KPI는 관리 목적이 강하기 때문에 하향식으로 정리되고, OKR은 실행 목적이 강하기 때문에 실행 주체들로부터 상향식으로 설정되어야 한다.

'존 도어의 설명'으로 돌아가보자. 구단 관리자의 두 번째 핵심 결과는 PR 매니저인 잭에게 다음과 같은 OKR로 설정됐다.

Objective: 관중석 88퍼센트를 채운다.

KR 1. 스타급 선수 세 명을 선발한다.

KR 2. 월요일 밤에는 2회 경기를 진행한다.

KR 3. 미디어를 집중 관리한다.

PR 매니저의 세 가지 핵심 결과는 개별 담당자들의 목표로 부여되고, 각자는 전문성을 바탕으로 무엇을 해야 할 것인지 구체적인 행동 목록을 작성하게 된다. 개별 담당자가 정한 OKR은 다음과 같다.

새 스태프 매니저

Objective: 월요일 밤에는 2회 경기를 진행한다.

KR: 5회에 걸쳐 ESPN 특집 방송을 실시한다.

스카우트 매니저

Objective: 스타급 선수 세 명을 선발한다.

KR: 상위 25개 대학을 순회하여 선수 리스트를 작성한다.

홍보 매니저

Objective: 미디어를 집중 관리한다.

KR: 치어리더 세 명을 새로 고용한다.

OKR의 가장 큰 장점은 실행 주체인 실무자의 행동까지 명확히 설정되어 실행이 구체적이고 현실적으로 이루어지게 한다는 점이다. KPI가 충족시켜주지 못하는 강력한 실행력의 기

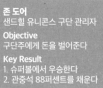

존 도어
샌드힐 유니콘스 구단 관리자

Objective
구단주에게 돈을 벌어준다

Key Result
1. 슈퍼볼에서 우승한다
2. 관중석 88퍼센트를 채운다

수석코치 래리

O.   슈퍼볼에서 우승한다

KR 1. 수비력 전미 톱 3에 진입한다
KR 2. 200야드 패싱 능력을 개발한다
KR 3. 25야드 전진 능력을 개발한다

PR 매니저 잭

O.   관중석 88퍼센트를 채운다

KR 1. 스타급 선수 세 명을 선발한다
KR 2. 월요일 밤에는 2회 경기를 진행한다
KR 3. 미디어를 집중 관리한다

수비수

O.   디펜스 #3

KR. 100야드
패싱

공격수

O.   200야드
패싱

KR. 패스 성공률
75%

스페셜팀

O.   200야드
전진

KR. 팀 블록
역량 강화

새 스태프 매니저

O.   월요일 밤
2회 경기

KR: ESPN 특집
방송

스카우트 매니저

O.   스타 선수
세 명 선발

KR. 상위 25개
대학 순회

홍보 매니저

O.   미디어 관리

KR. 치어리더
세 명 고용

전사(Mission & Vision)

전사

Objective	Objective	Objective
Key Result	Key Result	Key Result
Key Result	Key Result	Key Result
Key Result	Key Result	Key Result

사업부

Objective
Key Result
Key Result
Key Result

개인

Objective
Key Result
Key Result
Key Result

명확한 행동

존 도어의 설명

반이 되는 것이다.

이와 같은 과정을 도표로 나타내보자. 앞서 설명한 내용을 상기한다면 머릿속에 한번에 정리될 것이다.

breakthrough

- OKR을 작성하는 기본 원리를 설명할 수 있는가?
- 현재 자신의 핵심 목표를 도출하고 그것을 하부 조직이 OKR을 작성하게 할 수 있는가?

대체가 아니라 보완의
관점에서 접근한다

OKR을 설명할 때마다 나오는 반응이 있다. "KPI와 다른 점을 모르겠다", "우리도 해봤지만, 효과가 없었다" 등의 부정적인 내용이 많다. 특히 조직의 중간관리자들 사이에서 부정적인 견해가 강하게 자리한다. 문제의 핵심은 OKR의 시행 준비 과정에 있다.

간혹 OKR을 구글 등에서 시행해 효과가 좋았다는 말을 듣고 윗사람의 지시로 시행하는 조직이 있다. 지시를 받은 관리부서에서는 하나의 제도로 OKR 시행에 초점을 맞추게 된다. 중간관리자의 입장에서는 KPI 같은 괴물이 하나 더 생겨 매우 성가신 나머지, 이 제도의 효과 없음을 증명하려고 한다. 즉 중간관리자들이 OKR을 꼭 필요한 툴로 스스로 인식하지 못한 채 귀찮은 숙제로 위에서 떨어지는 경우 절대 OKR의 제 기능을 살릴 수 없다.

OKR을 제대로 활용하려면

OKR은 KPI의 대체재가 아니라 KPI의 취약점을 보완하는 툴로 인식해야 한다. KPI의 목적이 평가와 보상에 있다면 OKR의 목적은 목표 달성에 있다는 점이 중요하다. 목표 달성에 목적이 있다면 목표 설정의 중요성이 강조될 수밖에 없다. OKR이 목표 달성을 위해 강력한 힘을 가진다고 할 때 목표가 잘못 설정된다면 조직에는 더 큰 해가 될 것이다. 그야말로 엄청난 삽질을 유발하는 도구가 될 것이 뻔하기 때문이다. OKR의 시행을 포기하거나, 시행 후 별다른 효과를 얻지 못한 조직의 문제 원인이 여기에 있다.

목표는 상부 조직에서 정하더라도 반드시 조직 전체로 연결되어야 하고 하위 조직의 역할과 특성에 맞는 결과 목표로 이어져야 한다. 즉 매출 확대라는 목표가 총무 부서의 어떤 일과 연결될 것인지 그 고리를 찾아야 전체 목표가 각 부서의 특성에 맞는 행동으로 연결된다.

거듭 강조하지만, OKR을 알지 못하면 OKR을 제대로 사용하여 효과를 얻을 수 없다. OKR이 효과가 없다고 말하는 사람들에게 OKR을 설명해달라고 하면 예외 없이 KPI를 이야기한다. 알고 있다고 착각하는 것이다. 리더가 알고 있다고 착각하면 설명할 수 없고, 설명할 수 없기에 전달되지 않으며, 그 결과 하위 조직의 실무자들이 제대로 실행에 옮길 수 없게 된다. OKR을 제대로 사용하여 효과를 얻으려면 가장 먼저 OKR을 알아야 한다.

효과적인 OKR 활용을 위한 세 가지 원칙

OKR을 효과적으로 활용하기 위해서는 세 가지 원칙을 명심해야 한다.

첫째, 시행 전에 구성원과 충분한 공감대를 형성해야 한다. OKR에 대한 충분하고도 본질적인 이해가 뒷받침되지 않으면 KPI나 OKR이나 별 차이가 없어 보일 수 있다. 그렇게 되면 구성원은 "또 새로운 지표를 도입한다고? 더 골치 아프게 생겼군"하는 반응을 보일 수 있다. 가뜩이나 KPI 때문에 피가 마르는데, OKR까지 도입한다고 하니 부담스러울 수밖에 없다. 구성원에게 OKR이 목표 관리를 도와주는 툴이라는 점을 충분히 인식시키고 공감대를 유발해야 한다.

둘째, OKR을 구성원을 평가하는 기준이나 잣대가 아니라 피드백 도구로 활용해야 한다. 예를 들어 "자네 OKR을 보니까 일을 열심히 안 한 것 같군!"라고 말하면 OKR을 평가 기준으로 사용하는 것이다. 반면 "자네의 이번 분기 OKR을 보니 두 번째 핵심 결과가 완성되지 못했더군. 무엇이 문제라고 생각하나? 다음 분기 OKR을 어떻게 설정할지 함께 고민해보세!"라고 말하는 것은 그것을 피드백 도구로 사용하는 것이다. 사소한 뉘앙스의 차이일 수 있지만 듣는 사람의 입장에서는 전혀 다른 효과가 날 수 있다.

마지막으로 OKR 활용법이다. OKR을 인센티브와 연결해서는 안 된다. 이렇게 말하면 관리자들은 인센티브가 없는데 직원들이 열심히 일하겠느냐며 반문한다. 앞서 말한 것처럼 OKR은 KPI의 대체재가 아니라 보완재다. 조직에서 인센티브는 KPI에 의해 결정되는데, OKR을 인센티브와 연결하면 혼란스러운 상황이 발생하게 된다. OKR은 KPI를 달성하기 위해 더 세부적이고 실천적 목표와 결과물을 관리하기 위한 도구다. 인센티브가 있어야 구성원이 열심히 일한다는 관리자의 인식 자체가 큰 오류와 착각이다. 인센티브를 통해 구성원을 관리하는 것은 조직 문화 차원에서도 매우 저급한 관리 방법이 아닐 수 없다.

OKR을 사용할 때 인센티브와 연계하지 않는 것은 구성원이 지켜야 할 본연의 업무를 통해 존경을 받고 자아실현을 이루게 하는 리더의 관리 방법이기도 하다. 여기에 인센티브가 개입되면 이 욕구의 발전 단계가 오염되고, 결국 구성원은 더 높고 가치 있는 욕구로 나아가지 못하게 된다. 인센티브라는 외적 동기가 구성원의 역량 향상에 도움이 되지 않는다는 사실은 이미 수많은 연구를 통해 입증됐다.

이제 구성원들이 인센티브라는 낮은 수준의 동기유발이 아니라 OKR을 통한 목표 달성이라는 더 높은 가치를 추구할 수 있도록 유도해야 한다. 인센티브 같은 저차원 동기가 아니라 재미, 의미, 성장과 같은 고차원 동기가 더 큰 동기를 유발한다는 점을 상기할 필요가 있다. 어떤 툴을 사용하느냐보다 먼저 새겨야 할 것은 사람에게 집중하는 일이다. 리더는 '사람 전문가'가 되어야 하고 구성원은 '업무 전문가'로 키워야 한다.

breakthrough

- 효과적인 OKR 활용을 위한 세 가지 원칙을 설명할 수 있는가?
- 인센티브로 구성원을 관리하는 것이 왜 잘못된 것인지를 동기와 연관 지어 설명할 수 있는가?

불타는 배에서
살아남기 위한 지혜

여기 불타는 배가 있다고 보자. 지금 배에서 뛰어내리지 않으면 모두 타 죽게 된다. 리더는 구성원보다 더 많은 정보와 경험이 있으므로 재빠르게 상황을 판단할 수 있다. 배의 선장인 리더가 "여러분, 모두 이 배에서 뛰어내리십시오"라고 소리쳤다. 하지만 눈앞에는 시커먼 바다만 보일 뿐이다. 구성원은 깊은 바다라는 또 다른 위험을 보고도 과연 리더의 명령을 듣고 바다로 몸을 던질 수 있을까? 만일 리더의 명령에 모두 바다로 뛰어들었다면 그들은 왜 그렇게 했을까? 그것은 바로 리더가 뛰어내리라고 말했기 때문이다. 평소에 리더에 대한 신뢰가 쌓여 있을 때 가능한 일이다.

한편 리더가 매우 다급하게 소리쳤음에도 아무도 바다로 뛰어들지 않을 수 있다. 이들은 왜 리더의 절박한 명령에도 바다에 뛰어들지 않았을까? 이 역시 리더가 뛰어내리라고 말했기 때문이다. 평소에 리더에 대한 신뢰가 쌓여 있지 않았기에 그의 말을 믿지 않는 것이다. 이 책에서 말한 모든 것이 현장에서 실천되기 위해서는 리더에 대한 신뢰가 절대적이다.

1857년 어느 날 《뉴욕타임스》에 이색적인 광고가 실렸다.

"맨몸으로 나이아가라 폭포를 건너는 줄타기 행사가 개최됩니다! 모두 구경하러 오세요."

찰스 블론딘(Charles Blondin)이라는 젊은이가 낸 이 광고를 보고, 기상천외한 이벤트를 구경하기 위해 무려 5000명이 넘는 사람들이 몰려들었다. 드디어 블론딘은 줄 위를 걷기 시작했고 사람들은 조마조마한 마음으로 그 광경을 지켜보았다. 마침내 블론딘은 줄타기에 성공했고, 사람들의 환호와 박수는 끊이질 않았다. 블론딘은 한 걸음 더 나아가 자전거를 타고 폭포 건너기를 보여주었다. 이것마저 성공하자 사람들은 우레와 같은 박수를 보내며 열광하기 시작했다. 그 순간 블론딘이 관중을 향해 이렇게 물었다.

"여러분, 제가 사람을 등에 업고도, 나이아가라 폭포를 건널 수 있을까요?"

관중은 격한 공감의 반응을 보였고, 블론딘은 다시 물었다.

"그럼, 어떤 분이 저와 함께 폭포를 건너시겠습니까?"

그러자 사람들은 주춤거리며 모두 서로를 쳐다보며 두리번 거릴 뿐이었다. 그런데 이때 워싱턴이라는 사람이 나섰다. 그는 아무 말 없이 블론딘의 등에 업혔다. 드디어 두 명의 목숨이 걸린 대형 이벤트가 시작됐다. 결과는 대성공이었다. 관중은 감동을 넘어 경악하는 수준에 이르렀다.

블론딘의 줄타기 실력은 그렇다 치더라도 도대체 이 워싱턴이란 사람은 어떤 사람이었을까? 자신의 목숨을 하찮게 여긴 사람? 혹은 정신이상자? 사실 그는 어렸을 때부터 블론딘의 옆집에 살아온 죽마고우였다. 그는 블론딘이 줄타기를 얼마나 잘하는지를 알고 있었기에 안전하게 폭포를 건널 수 있다고 확신했던 것이다.

조직 안에 워싱턴처럼 리더를 무한 신뢰하는 구성원이 몇이나 있을까? 아무리 어려워 보이는 목표라도 리더를 믿고 자신을 던지는 구성원이 필요하다. 그런 신뢰는 평소에 구성원에게 성공 경험이 축적되어 있을 때 얻을 수 있다. 리더의 일거수일투족, 말 한마디를 구성원은 주의 깊게 살피고 자신만의 기준에 따라 신뢰 점수를 매기고 있다. 결국 리더의 모든 것이 구성원에게 읽히고 있는 것이다. 리더의 자리는 결코 쉬운 자리가 아니다. 조직 관리 전문가들에 의하면 리더가 신뢰를 얻기 위해서는 일관성, 공정성, 성과 지향성 그리고 긍정성을 가지고 있어야 한다.

피터 드러커는 리더의 덕목으로 첫째, '자신이 하고 싶은 것이 아니라 해야 하는 것은 무엇인가'를 알아야 한다며, 목표의 명확성을 강조했다. 둘째, '자신이 할 수 있는 것은 무엇인가'를 알아야 한다며, 리더 자신과 조직의 역량을 강조했다. 마지막으로 '그 일을 자신이 처리하지 않는다', 즉 리더의 본연의 역할을 강조했다. 이를 위해 리더는 생각을 명확히 정리하고, 효율적이고 효과적인 커뮤니케이션을 통해 조직이 핵심에 집중하여 목표를 완수해나갈 수 있도록 끊임없이 동기를 유발하는 사람이 되어야 한다.

이 책은 리더십에 대한 한 가지 질문으로 시작하여 한 가지 질문으로 맺고자 한다.

"나는 리더로서 내 앞에 벌어지고 있는 일들을 정의할 수 있는가? 그리고 그것을 설명할 수 있는가?"

이 책에서 설명하는 리더의 정의 그리고 '알고 있다고 착각하는 것은 아닌가'라는 질문을 통해 리더들이 더 스마트해지고 더 좋은 성과를 얻게 되기를 바란다.

정영학

리더 반성문

오늘 하루, 나는 진짜 리더의 일을 했는가

초판 1쇄 인쇄 2019년 7월 15일
초판 1쇄 발행 2019년 7월 22일

지은이 정영학
기　획 이진아
펴낸이 신경렬

편집장 송상미
마케팅 장현기 · 정우연 · 정혜민
디자인 이승욱
경영기획 김정숙 · 김태희 · 조수진
제작 유수경

펴낸곳 (주)더난콘텐츠그룹
출판등록 2011년 6월 2일 제2011-000158호
주소 04043 서울시 마포구 양화로12길 16, 7층(서교동, 더난빌딩)
전화 (02)325-2525 **｜ 팩스** (02)325-9007
이메일 book@thenanbiz.com **｜ 홈페이지** www.thenanbiz.com

ⓒ 정영학, 2019, Printed in Seoul, Korea

ISBN 978-89-8405-968-9 03320